よみがえる帝国化する日本、ドイツ

敗戦国 日独の戦後と未来

埼玉学園大学教授
相沢幸悦

水曜社

はじめに

日本とドイツは、第二次世界大戦の敗戦国である。

ドイツは、第二次世界大戦でヨーロッパ・アフリカ大陸を蹂躙し、６００万人あまりともいわれるユダヤ人を大虐殺（ホロコースト）したが、これを真摯に反省したと世界から受け止められている。

ドイツは、ホロコーストについては、ヒトラーに代わって謝罪しつづけてきたが、侵略戦争について明確に詫びたことはない。それにもかかわらず戦争責任をとったとして、戦後西欧に受け入れられ、ヨーロッパのドイツとして経済成長をとげてきた。

現在、単一通貨ユーロ導入国で構成されるユーロ圏でドイツは、経済政策だけでなく政治的・軍事的にもイニシアティブをとりつつある。東欧も経済圏に組み込んできている。ドイツは、まさにヨーロッパに聳え立つ現代の〝帝国〟のごときである。

日本はといえば、２０１２年９月に総理経験者の安倍晋三氏が自民党総裁に復帰するや、デフレ・円高克服のウルトラＣを実行した。

それは、下野時代に練り上げた奇策、すなわち、日本銀行にすさまじい圧力をかけ、常識はずれの金融緩和（量的・質的金融緩和、異次元緩和）をおこなわせるというものであった。すると、政権復帰前で、なんの権限もないのにかかわらず「口先介入」をしただけで、円高から円安に転換して、消費者物価と株価が上昇に転じた。奇策がズバリ的中したのである。

とうぜんのごとく、２０１２年12月の総選挙では自由民主党が圧勝した。政権に復帰するや内閣支持率は、みるみる上昇していった。

安倍氏は、一気呵成に戦後レジュームからの脱却をすすめた。中国や韓国などの反発をものともせず、２０１３年12月、Ａ級戦犯が合祀されている靖国神社参拝を強行した。

２０１４年５月１日には、武器輸出を全面解禁した。７月１日には、現行「憲法」下での集団的自衛権の行使容認を閣議決定し、15年９月には、閣議決定を法案化した「安全保障法案」を参議院でも強行採決し、世界中で戦争ができるようにした。

アベノミクスという経済政策は、日本銀行による超金融緩和だけなのだが、おかげで、欧米諸国が「日本化」とよぶ十数年にもおよぶデフレ・円高不況が克服されたことだけは、副作用をべつにすれば、率直に成果として評価しなければならない。

日本企業の国内回帰がはじまるとともに、デフレが克服され、企業収益も拡大し、賃金も上昇し、外資の日本への進出もすすみ、外国人観光客も激増し、ようやく、「ジャパン・アズ・ナンバーワン」といわれ、輝いていたころの日本経済がよみがえりつつある。

そこで、本書では、日本経済の本格的復活のために、〝帝国〟化しつつあるドイツの生き方を、主として、脱原発（脱原子力発電）、教育制度、経済と福祉、戦争責任・戦後責任、国防と軍事同盟、ヨーロッパの統合への参加という側面からみてみることにした。

現在安倍政権がすすめているような国作りがなされると、ようやく長期不況を克服し、よみがえりつつある日本が、台無しになってしまう。世界から警戒されるだけである。だから、ドイツの良い面に学びながら、日本がこれからも、庶民にやさしい平和国家で生き続け、日本が「国際社会において、名誉ある地位を占め」(「日本国憲法」前文)るための示唆をえることができると考えたからである。ご一読をお願いする次第である。

相沢幸悦

目次

序　言　復活しつつある日本経済

ナンバーワンからパッシングへ

第二次世界大戦で敗北した日本は、戦後、世界史に例をみないような高度経済成長をとげ、明治維新以来の悲願であったヨーロッパに追い付け、追い越せを実現した。国民総生産（GNP）で、まずイギリスを、次に西ドイツを凌駕し、1960年代末にはアメリカに次ぐ自由主義世界第2位の「経済大国」に躍り出た。

オイルショックなどをへるものの、1980年代も終わりころになると金融（不動産）バブルが発生し、日本は欧米に高品質・高性能・高機能製品を提供するとともに、金融セクターにおいても、「世界に敵なし」という幻想がいだかれるようになった。

幻想のさいたるものは、1979年、エズラ・ヴォーゲル・ハーバード大学名誉教授による「ジャパン・アズ・ナンバーワン」という本の出版であった。

日本の製品があまりにもいいので欧米諸国の製品が売れない、日本の金融機関が世界の金融サービスを独占しているとして、ジャパン・バッシング（日本たたき）がはげしくなっていった。

ところが、日本の金融機関の「大活躍」というのは金融バブルという「宴」によるもので、あくまで幻想にすぎなかった。もしかしたら、このときこそ、ほんの一瞬ではあるが日本が輝いた時代だったのかもしれない。

もちろん、幻想だということがあきらかになるのに、それほど時間を必要としなかった。１９９０年代にはいると金融バブルが瓦解しはじめ、長期不況にみまわれたからである。平成大不況がそれである。

20年以上にわたって円高・デフレ不況という平成大不況に苦しめられ、外資も見切りをつけた。日本のマーケットには収益機会がないと、ジャパン・パッシング（日本素通り）が進行した。

外資は日本を素通りして、アジアの成長市場である中国などに進出し、金融機関は、香港やシンガポールに拠点をかまえるようになった。

円安への転換

しかし、２０１２年秋ころには、円安基調に転換した。

安倍政権の登場とほぼ同時期だったため、国民は勘違いをしているようであるが、じつは、実体経済のファンダメンタルズ（基礎的条件）からして、円安転換への前提条件がととのっていた。

すなわち、日本の貿易構造が恒常的に赤字体質に転換しつつあった。

平成大不況期に企業が国際競争力の向上のために大規模な新規投資をおこなわなければ、日本企業の国際競争力が低下するのはとうぜんのことであり、輸出は減少する。

主要な要因は、輸出企業の多くが円高に対応し、為替差損を回避すべく、大挙して、外国マーケットに進出していったことにある。この企業の海外進出が、日本の輸出の減少に拍車をかけることになった。

円高から円安への転換を促進したのが、日本銀行による大胆な金融緩和を中心とするいわゆるアベノミクスであった。

円安転換への前提条件がととのっているなかで、日銀がすさまじい金融緩和をおこなえば、通常は円安に転換する。1ドル＝70円台の円高からあっという間に100円、120円までの円安に転換していった。

もちろん、円安ということは、ドル円関係ではドル高ということになり、アメリカから、円安誘導という批判が出るのは必定である。ところが、安倍政権誕生後、2年半は、不思議なことにアメリカ側から円安政策との批判はほとんど出なかった。

それは、アメリカ政府による安倍政権にたいするプレゼントであった。3年あまりにわたってつづいた前民主党政権で、アメリカとの関係は最悪の状態にあったからである。

安倍政権が、国民の最大の要望であるデフレ・円高不況の克服により景気回復を実現してくれれば、内閣支持率は上昇する。そうすると、アメリカは、安倍政権が軍事的協力・支援をおしまないはずであるとふんだのであろう。

復活する日本経済

この3年、日銀による大胆な金融緩和によって、円高・デフレ不況が克服されつつあることは事実である。

もちろん、日銀によって実行されている大胆な金融緩和というのは、非伝統的金融政策であって、本来であれば、けっして実施されてはならないものである。

副作用がはげしすぎるし、日本経済をインフレの昂進という「死」にいたらしめる可能性もけっして低くないからである。このことの評価と深刻な事態にならないためにはどうしたらいいかということについても、後にくわしく言及する。

あえて、このような諸問題をべつにすれば、日本経済は、ようやく復活し、よみがえりつつあるということができる。

それは、20数年にわたる円高・デフレ不況のなかで、金融機関や企業が生き残りをかけて、経営の合理化・効率化、より有利な収益機会の追求、リストラクチャリング（事業の再編成）、選択と集中などをおこなってきたからである。

1ドル＝70円の円高でも生き残れるように、企業体質を強化した企業もけっして少なくないといわれている。

そうしたなかで、政府（正確には日銀）が1ドル＝１００円、１２０円という円安に誘導してくれれば、輸出企業は、膨大な為替差益を利益として計上できる。日本では、なぜか円安になると株価が上昇する。為替差益を中心に輸出企業が増益となるからである。

安倍政権は、株価が内閣支持率に連動しているとして、国家的な「株価操作」をおこなっているといわれている。

各種年金基金をはじめゆうちょ銀行・かんぽ生命の株式での大規模運用、日銀の株価指数などに連動する投資信託（ＥＴＦ）の大量購入などによって、株価が引き上げられている。国家的な「株価操作」といわれている。

国家が株価を支えてくれているので、外資は、安心して日本の株式市場に参入している。株価が上昇すると株で儲けたひとびとが高額商品を買うとともに、国民はようやくデフレが終わったとして、財布のひもをゆるめる。

ところが、円安誘導で輸入品がのきなみ値上がりしているなかで、賃金は、さほど上がらず、ひとびとはまだ財布のひもをしめている。

だから、個人消費が減少して、インフレ下の不況、すなわちスタグフレーションにみまわれる可能性もけっして低くはない。

本来、政府が経済運営に口を出すことは「禁じ手」なのであるが、企業に賃上げを再三再四要望しているのはそのためである。インフレ率以上の賃上げ、すなわち実質賃金がプラスにならなければ、個人消費の増大による景気の本格的な回復は実現しない。

日本に住みたい日本人

中国人留学生は、その多くが中国ではなく外国に住みたいという。ところが、日本人に聞くとほとんどが日本に住むとこたえる。日本は、住みやすいからだという（エズラ・ヴォーゲル「国家戦略の立案力向上を」『日本経済新聞（経済教室）』２０１５年5月22日）。

１９７９年に「ジャパン・アズ・ナンバーワン」を出版したエズラ・ヴォーゲル・ハーバード大学名誉教授は、日本の町は安全できれいだし、犯罪率は低く、公害は抑制され、生活は快適で安定しており、直面する問題をかかえているものの、日本のよさの多くは当時と変わっていないという。

教育水準は総じて高く、労働者はトラブルの発生を察知して対応するように訓練されており、日本企業の品質管理はいまなお優秀である。

インフラ開発は、「失われた20年」の間にもつづけられており、アメリカよりはるかにすすんでいる。だから、１０００兆円以上もの政府債務残高をかかえているのであるが。

ヴォーゲル教授は、資産バブル崩壊後の今日でも、「ジャパン・アズ・ナンバーワン」を書いた１９７９年とかわらず、多くの日本企業が終身雇用制を維持していることに驚嘆している。もちろん、派遣労働の長期雇用などがおこなわれているが、終身雇用制の根幹は維持されている。

日本企業は、収益の正当な分け前を社員に配分すべく多大な努力をし、そのため、日本の社会は一体感が強く、富裕層にたいする貧困層の反発は、アメリカや中国ほどは強くはない。

もちろん、あるＩＴ企業のように引き抜いた人材に百数十億円の報酬をはらうとか、ある自動車会社の外国人社長の年俸が十億円をこえるというケースも出てきている。だが、これはあくまでも例外である。

日本一の自動車会社の社長の給料は増えてきているものの、2億円くらいのものである。日本は、このようなよさを有しているので、円高・デフレ基調が解消されれば、外資や外国人が日本のマーケットを再認識するはずである。日本が復活しつつあるのは、そのためであろう。

もちろん、ヴォーゲル教授は、人件費の安い他国の製品による日本の工業製品の一部の駆逐、巨額の規模にたっしている政府債務、近隣国との政治問題の悪化、やりがいのある安定した職業につくことが次第に困難になってきた高校・大学卒業者、労働者の約4割をしめる非正規雇用、不十分な社会保障、多くの世帯の生活水準を維持するための預貯金の取り崩し、など深刻な問題をかかえていることに警告を発している。

ヴォーゲル教授のいうように、日本が本格的に復活するには、このような深刻な問題を克服していくことが肝要であろう。この克服については、本書で詳しく考察することにしよう。

安全・正確で清廉な日本

外資などが、日本のマーケットを再評価するようになってきているのは、日本が、安全で正確で清潔な国であるということもおおいに寄与しているのであろう（堺屋太一「安全・正確で清廉な日本」『日本経済新聞（経済教室）』2015年8月5日）。

日本は、高度成長後に経済効率を追求し、1980年代には、一人あたりの国内総生産（GDP）と貿易黒字で世界一少ない格差などを実現したが、その後安全を追求し、ついに「世界一安全な国」を実現した。

２０１３年末、日本で刑務所に収監されているひとは、有罪未決をふくめて約６万３０００人である。アメリカでは、人口あたり14倍である。治安がよいイギリスでも3倍、フランスで2倍である。日本は犯罪の少ない国である。

日本は、交通事故も相対的に少ない。交通事故は、かつては多かったが、運転技能の向上、車両の改善、道路の整備などで21世紀にはいって、急速に減少してきている。

日本のすごさは、時間の正確さにある。交通機関の運行、商店の開店・閉店、イベントの開催など時間が正確である。これは、外国にいくとよくわかる。インドで珍しく時間どおりに列車が到着したとおもったら、なんと一日遅れだったという話を聞いたことがある。

日本の誇るべき美点は、汚職の少ない「清潔な国」というところにある。日本で、２０１４年に汚職で逮捕されたのは56人であるが、中国では、年間5万人をこえる。しかも、中国の賄賂の金額など、日本とくらべて数ケタ違う。

もちろん、かつては、日本でも汚職での逮捕者が多かった。１９４９年には８０００人、７２、３年には１０００人以上いた。減りはじめたのは、平成にはいってからのことである。

このように、そのほとんどが不況だった平成時代にいたって、安全・正確で清廉な日本が作り上げられてきた。ひとびとは、デフレ・円高不況のなかでも、その克服のために、いい国作りのために頑張ってきたからなのであろう。

日本マーケットの魅力

わたしは、かつて中国の現職大学教員を埼玉大学大学院ドクター・コースの院生として研究指導をしたことがある。

この院生は、中国に妻子をのこして、日本で研究していたので、中国に帰ることが多かった。そのときのおみやげは、あかちゃんのための大量の粉ミルクであった。日本の粉ミルクは安全だからという理由からである。

日本でも食品偽装などの不正も横行しており、偉そうにはいえないが、食料品の安全性は高いし、ひとびとの信頼も高い。中国がひどすぎるのかもしれないが。

日本のマーケットの魅力は、産業におけるウエイトが低下しているとはいうものの、重化学工業・製造業に依拠し、世界に冠たる高品質・高性能・高機能製品を生産していることである。地に足のついた堅実な経済システムである。

だから、世界第二位の「経済大国」となったはずの中国から中流層が、円安効果もあって、大挙して日本に家電製品などの「爆買い」に殺到するのである。

もちろん、高価格なので、産油・資源国や穀物生産国や新興諸国では、あまり売れない。日本が本格的に復活するには、高品質・高性能・高機能製品を低価格にちかい中価格で新興諸国などに広範に販売できるようにすべく、あらたなイノベーションが必要である。

日本のマーケットでも、規制緩和・撤廃がすすむとともに、円高が是正されてきているので、外資による日本株投資が増加し、外資の日本進出もすすんできている。

長期化した円高に耐えかねて海外に大挙して進出した日本の輸出企業も、円安基調への転換にともなって、日本回帰の傾向をつよめている。やはり、高品質・高性能・高機能製品を担うことができるのは、世界に冠たる日本の労働者だからである。

日本への外国人旅行者が激増してきているのも、円安効果ばかりによるものではない。日本という国の魅力が世界で再評価されているからであろう。

２０２０年に東京でオリンピック・パラリンピックが開催される。一度目は、高度経済成長の真っただ中で開催された。二度目は、不死鳥のごとくよみがえる新生日本の構築過程で開かれる。

２０２０年の東京オリンピック・パラリンピッの開催が、日本の本格的な復活にとって、ひとびとの心の支えにと願うものである。

それでは以降、おなじ第二次大戦での敗戦国でありながら、いまや中央ヨーロッパをふくめて〝帝国〟の様相を呈しているドイツの戦後の生き方を、日本の現在と比較検討し、今後の本格的な日本復活のあり方を考察してみることにしよう。

第 1 章

脱原発に踏み込むドイツ

1　脱原発への紆余曲折

(1) 脱原発に舵を切るドイツ

史上最悪のチェルノブイリ原発事故が１９８６年４月に発生すると、ドイツでも脱原発の機運が盛り上がり、議論は紆余曲折したものの、２０１１年に脱原発が決定された。

ところが、チェルノブイリ原発事故に匹敵するほど深刻な福島第一原発事故が発生した日本では、安倍政権が登場すると、２０１５年８月再開の九州電力の川内原発をはじめ、休止していた原発のうち、安全性が確保されたとして順次再稼働されようとしている。

脱原発に大きく舵を切ったドイツは、原発大国フランスから電気を買っているではないかとか、脱原発で石炭火力発電を増やすのでは、地球温暖化をすすめるだけではないかなどの批判をあびている。

もちろん、ドイツは、地球環境保全のために自然エネルギーへの大転換をはかっている。原発は、環境にやさしいエネルギーだというのは、まさに詭弁だからである。

日本では、福島第一原発事故から数年しかたっていないし、依然として放射線漏れがつづいているのに原発の再開をしている。かたや、ドイツでは、どうして即座に脱原発に踏み切ることができたのか、についてみてみることにしよう。

（2）脱原発意識の高揚

チェルノブイリ原発事故

1986年4月26日、旧ソ連ウクライナ共和国のチェルノブイリ原子力発電所4号機で史上最悪の原発事故が発生した。

大規模な放射性物資の放出が、事故発生から5月6日まで10日間つづいた。放射性物資は、11エクサベクレル（1エクサは100京倍）も放出された。そのため、半径30キロメートルの住民11万6000人が強制避難させられ、多くの村が廃墟と化した。ヨーロッパ各地でも、汚染された食料が大量に処分された。

2005年に国際原子力機関（IAEA）と専門家グループが参加したチェルノブイリ・フォーラムは、事故処理をした作業員と高濃度汚染地域の住民の死者が4000人、06年には、対象地域を広げた世界保健機関（WTO）が6000人、ヨーロッパ全域を対象とした国際癌研究機関が1万6000人という推計を発表した。

この未曾有のチェルノブイリ原発事故を契機に、ドイツ国民の間でも、反原発・脱原発の意識と機運が燎原の火のごとく広がっていった。

ここで、ドイツでの原子力発電をめぐる紛争についてみてみよう（本田宏「原子力をめぐるドイツの政治過程と政策対話」『経済学研究』63—2）。

ヴュール村への原発建設阻止

１９６１年にドイツではじめてのカール原発の稼働を契機に、多くの原発が運転をはじめたが、74年5月に、原発推進を主張する社会民主党（ＳＰＤ）のヘルムート・シュミットが政権につくと原発をめぐる紛争がはげしくなっていった。

労働者の政党であるはずの社会民主党も、ドイツ労働総同盟（ＤＧＢ）も、核兵器・核実験反対運動は支援するものの、原子力の平和利用に期待していた。当初から、原発反対というわけではなかったのである。

当時のシュミット社会民主党政権も、石油危機の発生をうけて、エネルギー転換をせまられるなかで、原発の利用拡大によって、１９８５年までに、全発電量のなんと約40％まで上昇すると見込んでいた。

だから、反原発運動の先頭に立ったのは、市民、とりわけ現地の農民などであった。

１９７５年1月にドイツ南西部バーデン・ヴュリュッテンベルグ州政府は、ヴュール村に原発の設置を認可した。とうぜん、ただちに、はげしい反対運動が巻き起こったが、その主体となったのは、ワイン農家などの住民や学生や研究者などであった。

建設着工の強行がせまった2月には、数百人の反対派が建設予定地を占拠した。もちろん州警察が反対派を排除した。このようすがテレビで放映されると、数日後に2万８０００人ものひとびとが現地に押し寄せて再占拠し、なんと半年にもおよんだ。

建設差し止め訴訟なども提起した反対運動によって、１９７７年ころになると原発計画の実施というのは、政治的にはむずかしくなっていた。

反原発派によるヴュール村の建設予定地の占拠は、各地の住民運動を鼓舞し、相互の連携もすすんで、全国的規模の反原発運動が盛り上がっていくきっかけとなった。

ドイツ政府は、ヴュール原発紛争は、州政府が住民に抑圧的な対応をとったためにこじれたみて、その後、市民との対話を重視する姿勢に転換していった。

原発反対勢力の台頭

1982年10月に自由民主党（FDP）は、社会民主党（SPD）との連邦レベルでの連立政権を解消し、キリスト教民主・社会同盟（CDU／CSU）との連立政権を組んだ。野に下ったSPDは、おくればせながら原発への批判姿勢を強めていった。

1983年3月には、地球環境保護と脱原発をかかげる緑の党が日本の衆議院にあたる連邦議会選挙ではじめて議席を獲得した（後にのべるように、ドイツでは、5％以上の得票率がないと議席があたえられない）。

1986年4月にチェルノブイリ原発事故が発生すると翌月に、ドイツ労働総同盟（DGB）は、ハンブルグで開かれた大会で「できるだけ早期の」脱原発を要求する動議を採択した。

すでに、ドイツ最大の労働組合である金属産業労働組合（IGM）は、脱原子力に転換していた。

同年8月にニュルンベルグで連邦党大会を開催した社会民主党（SPD）は、10年以内に脱原子力を要求するハウフ委員会の報告書を圧倒的多数で採択した。

ただし、鉱山エネルギー産業労働組合（ＩＧＢＥ）は、電力用石炭補助税の維持と引き換えに、原子力産業と妥協した。

それは、産業別に労働組合が組織されているドイツでは、所属する産業の労働組合も利益の代弁者となっており、企業収益が増えなければ賃上げも労働条件の引き上げも勝ち取れないからであろう。

（3）福島第一原発事故で脱原発

脱原発の最初の決定

１９９８年9月の連邦議会選挙の結果、ＳＰＤと緑の党の連立政権が発足すると、ドイツはいっきに脱原発に舵を切ることになった（本田宏、同論文）。

両党の連立協定にしたがって、１９９９年1月から脱原子力交渉が開始された。交渉は、完全非公開であるとともに、参加者は政府と電力会社に限定されていたので、電力業界に有利にすすめられたといわれている。

とはいえ、２０００年6月14日にドイツ社会民主党・緑の党の連立政権と大手電力会社四社との間で脱原子力政策についての協定がかわされ、ドイツでの脱原発政策が開始された。

この協定（合意）にもとづいて、２００２年に「脱原発法」が発効した。同法によって、当時

19基あった原子炉は平均32年の運転期間とされ、22年までにすべての原発が順次止められることになった。

イギリスとフランスとの使用済み核燃料の再処理契約は、2005年6月末をもって終了することになった。

2005年9月におこなわれた連邦議会選挙の結果、アンゲラ・メルケルを首班とするCDU／CSUとSPDの大連立政権が誕生した。とはいえ、脱原発を主張するSPDとの連立政権であったため、メルケル政権は、とりあえず前政権の脱原発政策を継承せざるをえなかった。

脱原発の撤回

ところが、2009年9月の連邦議会選挙の結果、首相にメルケルが留任したものの、CDU／CSUとSPDとの連立政権が解消されて、あらたにCDU／CSUとFDPの連立政権が登場した。ここで事態が一変した。

すなわち、2010年10月にメルケル新連立政権は、SPD、緑の党、左翼党の反対を押し切って、原発の運転期間の延長をみとめる法案を成立させたのである。

メルケル首相は、「原子力エネルギーより、（従来型エネルギーに関わる）鉱山のほうが死亡者は多かった」とか、原子力産業においてもっとも危険なプルトニウムについて、「コントロール可能」だといったという（ラルフ・ボルマン著、村瀬民子訳「強い国家の作り方」ビジネス社、2014年）。

脱原発政策がひっくり返ったことで、反原発運動がますます燃え上がり、2010年9月にベルリンでおこなわれた反原発のデモには、5万人以上が参加した。

ドイツで脱原発運動ははげしくなるなかで、東日本大震災が発生し、福島第一原発事故がおこった。ここで、ドイツでは、原発政策が大転換した。

脱原発の再決定

福島原発事故発生の2011年3月11日（金曜日）の時点で、すでにメルケル首相は、ドイツの原子力の将来について「もう終わりだわ」と内輪で話していたという（同書）。だから、メルケル首相の決断は素早かった。

大震災から3日後の3月14日に、ドイツで開催された反原発の全国集会に11万人あまりが結集したことに触発されたのか、翌15日にメルケル首相は、ドイツにおける原発の運転期間延長の凍結、すでに事故つづきで停止していた1基をふくむ8基の原発の運転を当面停止すると発表した。

反原発のうねりは燎原の火のごとく燃え上がっていた。3月26日には、ドイツ史上最大の25万人、4月25日には、復活祭休日デモに12万人、5月28日の全国デモには16万人が参加し、脱原発のうねりはその頂点にたっした。

こうした状況のもとで、メルケル首相は、脱原子力を加速する政策を検討するために「安全な電力供給の倫理的側面に関する委員会（脱原発倫理委員会）」の設置をきめた。同委員会は、2

011年5月30日に報告書を提出した。

この委員会による検討と並行して、技術者らによる原子炉安全委員会（ＰＳＫ）は、福島第一原発事故をうけて、ドイツ国内の原子炉の安全評価をおこなった報告書を5月16日に提出した。

この報告書によれば、ドイツの原発は、航空機の墜落をのぞけば、比較的高い耐久性を有しているというものであった。脱原発を提言したわけではない。

専門家の報告書なので、ほんらいであれば、日本の安倍政権のように安全性がみとめられたのだから原発の稼働をつづける、となるはずである。ところが、信じられないことに、なんとメルケル首相は、ＰＳＫ報告にはしたがわなかった。

脱原発ということでは、メルケル首相の歴史的英断ということができる。

かくして、ドイツは、脱原発に大きく舵を切ることになった。

6月6日には、停止中の8基の原発を即時閉鎖し、のこる9基は、２０１５年～２２年にかけて5段階で閉鎖するというエネルギー転換政策を閣議決定した。

6月30日には、連邦議会で左翼党をのぞく全政党の議員の賛成で「脱原発法」が可決された。

7月8日には、連邦参議院を通過して同法が成立した。

こうして、ドイツでは、脱原発の期限が、２０２２年中に前倒しされることになった。

ドイツの脱原発の理念

一度は脱原発をやめる決定をしたメルケル首相が、福島第一原発事故が発生するや、すみやかに脱原発に百八十度も舵を切ることになった。日本だとさしずめ首相の発言が「ぶれた」と批判されるかもしれない。

ところが、メルケル首相には、なんの汚点ものこらなかったという（ラルフ・ボルマン、同書）。

メルケル首相は、「日本で発生したあの劇的な事故は、私個人の転機になりました」、「日本のような高度な技術を持った国でも、原子力エネルギーのリスクを制御できないと気づかされたのです」と語っている。

メルケル首相は、原子力というものについて、つぎのようにのべている。

「原子力に関し、どんなに安全を追求しても残る危険性を許容できるのは、ヒューマンファクターによって大事故が生じないと確信する人だけです。けれども、もし大事故が起きてしまったならば、その結果は、空間的にはもちろん時間の次元でも破壊的ですので、そのリスクは、他の代替エネルギーをはるかに上回ります」

けだし、至言である。

メルケル首相の発言で注目すべきことは、そのさい、地震や日本でおきた規模の津波が、ドイツでありうるかどうかは問題にならないといった、ということである。

未曾有の福島第一原発事故にみまわれた日本では、性懲りもなく原発再稼働がなされているのに、専門家から航空機の墜落をのぞけば、比較的高い耐久性をもっているとされたドイツで、それでも原発をやめるという。

この彼我のちがいは、いったいどこからくるのだろうか。

もちろん、ドイツで政権交代がおこなわれ、ふたたび脱原発が撤回される可能性もゼロというわけではない。

日本は、といえば、前民主党政権下で脱原発の方針が打ち出されたものの、２０１２年12月に安倍自民党政権が登場すると、いともかんたんにくつがえされてしまった。

（4）原発存続の日本

２０３０年代に原発ゼロのはずが

前民主党政権は、福島第一原発事故を契機に、２０１２年9月に公表された「革新的エネルギー・環境戦略」で、２０３０年代に原発をゼロにするという方針を提示した。

あまり有能な政権ではなかったが、この方針だけは高く評価することができた。

原発事故以前には、原発を強力に推進してきた経済産業省から原発の規制機関を独立させた。これが、原子力規制員会である。

規制委員会の基準をみたす原発は当面の稼働はみとめるが、あらたに増設はしない。そうすれば、２０３０年代に原発はゼロになるはずであった。

こうして、日本は、ドイツとおなじように脱原発に踏み切れた。

重要なベースロード電源

ところが、安倍政権は２０３０年代に原発ゼロ政策を具体的根拠がともなわないとして、あっさり切り捨てた。

２０１４年４月の閣議決定では、原子力発電をエネルギー基本計画のなかで将来的にも重要なベースロード電源と明確に位置づけたのである。

安倍政権は規制委員会が２０１３年夏にさだめた基準を、世界でもっともきびしい水準だとして、この基準をクリアした原発をすみやかに再稼働させるとした。

再稼働を円滑にすすめるために、安倍政権は規制委員会の人事にも介入した。活断層にきびしいといわれた委員をやめさせて、原発関連企業から研究費などを受け入れていた人物を委員に送り込んだ。

川内原発再稼働の容認

２０１４年９月10日に原子力規制委員会は、九州電力川内原発１・２号機（鹿児島県）について、原発の新規規制基準をクリアしているとする審査結果を正式にきめた。

同原発については、このとき、つぎのような問題が指摘された。

事故がおきたときの対応する作業員を守る作業拠点は建設中で、当面は代替えの建物をつかうという。作業員が放射能をあびたばあい、シャワーで洗い流して除染しなければならないが、ウェットティッシュでふくという。

放射性物質の放出を千分の一程度におさえながら、格納容器内の水蒸気をぬいて圧力を下げるフィルター付きベント設備や、テロにそなえて、通常の制御室がつかえなくなったばあいに、原子炉の冷却をつづけられる第二制御室もできていなかった。

アメリカでは、事故のさいに、避難計画がきちんと機能することが原発稼働の条件である。しかしながら、規制委員会は、避難基準などの指針はさだめたものの、各自治体の作る避難基準が妥当かどうかは権限外だとして、審査すらしなかった。

ここで深刻な問題は、この原発が火山の巨大噴火にみまわれる可能性が高いことである。九州電力は、巨大噴火は予知でき、対処が可能だという。

しかし、専門家である藤井敏嗣火山噴火予知連絡会長は、「火山リスクが低いとの規制委員会の判断は科学的根拠に基づいていない」と審査のあり方に疑問を呈した。

川内原発などの拙速な「合格」の判断は、原発再稼働を最優先し、原発輸出を成長戦略に位置づける安倍政権の意向をうけたものであろう。

こうして、２０１５年8月11日、九州電力は、川内原子力発電所1号機を再稼働させた。すべての原発がとまった原発ゼロは約2年で終了した。日本のエネルギー政策は、原発に回帰することになった。

ところが、再稼働のわずか10日後の21日、トラブルでフル運転が延期された。停止中に機器を点検していたが発見できなかったようである。原発というのは、安全ではないということをしめす事例なのに。

なぜ、安倍政権はわからないのだろう。わかりたくないのかもしれないが。

ドイツは原発ゼロなのに、日本は、こんなザマで２０３０年には原発の比率を20〜22％に引き上げるという。怖ろしいことである。

成長戦略としての原発輸出

２０１４年７月に東芝がブルガリアの原子力発電所の建設を受注する見通しとなった。受注額は、５０００億円程度であるという。

日本原子力産業協会によると、海外では、１００基程度の原発建設計画がすすんでいるという。

東芝はじめ、日立製作所、三菱重工業などが原発輸出を推進する安倍政権の後押しをうけて、海外での原発販売の営業活動に力をいれている。

安倍政権の拙速な原発再稼働の容認は、成長戦略の一環として、原発を輸出しようというもくろみのためであろうとおもわれる。外国から、自分の国で廃止する原発をどうして、われわれに売り付けるのだといわれてしまうからである。

2　自然エネルギーへの転換

(1) 自然エネルギーへの提言

効率的なエネルギー利用

さきの倫理委員会報告書は、脱原発にあたり、つぎのように、効率的なエネルギー利用ということを提言している。

第一に、エネルギー効率化のためのビジネスモデルが展開されなければならない。個人世帯には、60％までエネルギー効率を高める潜在力があり、産業部門にも大きな潜在力があるからである。

第二に、電力利用にかんするあたらしい考え方を導入し、スマートメーターやスマートグリッドを促進する必要がある。

第三に、省エネ都市改造、建造物の省エネ改修は、社会全体のプロジェクトとしなければならない。

第四に、ゼロエネルギーハウス（外部からのエネルギー供給量を自家発電で相殺する建物）やプラスエネルギーハウス（外部からのエネルギー供給量より自家発電量が大きい建物）など、エネルギー効率の高い建物などを開発していく必要がある。

再生可能エネルギーの拡大

ドイツのエネルギー政策の基本は、脱原発とともに、地球温暖化の原因とされる二酸化炭素排出の大幅な削減をめざすものである。

ドイツは2050年には、風力発電や太陽光発電などの再生可能エネルギーで、なんと電力の80％をまかなう計画を立てている。

とうぜんのごとく、再生可能エネルギーの比率は高まり、2013年には総発電量の24％、四分の一ちかくにまで拡大した。原発の割合は2013年に15・3％で、福島原発事故の前からじつに6・7％も低下している。

ただし、いくつかの負の側面もかかえている。

再生可能エネルギーは、天候に左右されやすいので、電力供給が不安定になるおそれがある。そのため、ドイツで自給できる安価な石炭や褐炭による発電が増えている。二酸化炭素排出削減に逆行している。

電気料金も高騰している。再生可能エネルギーを普及させるために、固定価格買い取り制度が導入されているが、発電が増えるにつれて、普及させるための付加金も増加する。発送電費用も増えてきている。

おかげで、家庭の電気料金は、2000年の1キロワット時あたり0・14ユーロから13年で0・29ユーロと二倍に跳ね上がっている。

このような負の側面もあるものの、地球環境に「やさしい」として、原発を稼働しつづけるな

図表1　自然エネルギー電力の導入目標

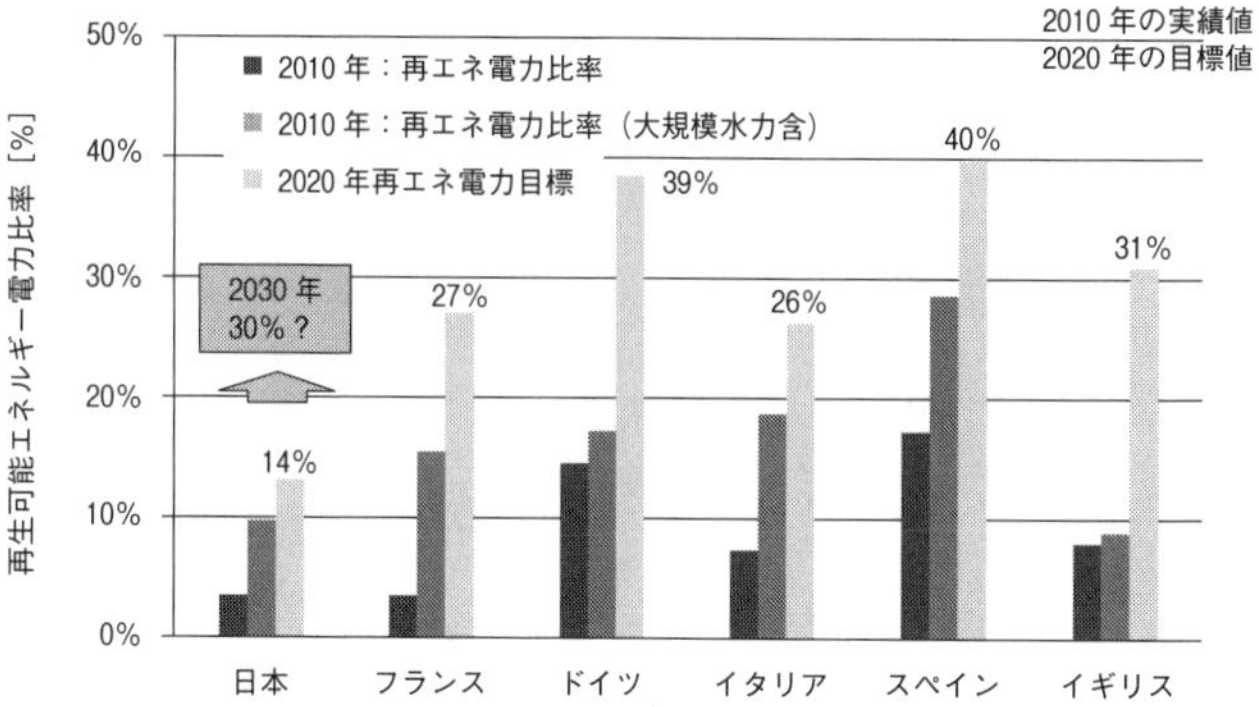

（出所）環境エネルギー政策研究所「自然エネルギー白書2013」

どということはない。

（2）日本も大転換を

ドイツでは、2000年には電力消費量の3%しかなかった風力や太陽光などの再生可能エネルギーの比率が、14年には、25・1%の褐炭火力を抜いて28・5%と第一位となった。

日本との比較をみれば、図表1のように、ドイツの再生可能エネルギーの比率は日本よりはるかに高くなっている。日本もそろそろ、脱原発によって再生可能エネルギーに大転換していく必要がある。

日本の貿易赤字は、このままいけば、さらに拡大していく可能性が高い。貿易赤字を減らすには輸出の振興策もさることながら、石油や天然ガスなどをエネルギーとして輸入することを大幅に削減する必要がある。

しかも、ドイツの倫理委員会報告書もいっているが、化石燃料から再生可能エネルギーに大転換する「グリーン・エコノミー」に移行すれば、雇用を生み出し、地域経済を活性化させることができる。

ドイツでは、都市だけでなく、市町村レベルでも、再生可能エネルギーの促進と省エネをすすめているので、地域経済も活性化してきている。もちろん、ドイツは、地方が独自の権限と財源をもって政策をすすめることができる連邦制をとっているから可能なのであるが。

現状の中央集権制下の日本ではむずかしいとすれば、日本も、そろそろ連邦制に移行することも検討すべきである。「憲法」改正が必要であるが、連邦制移行による日本国の分割「民営化」が生き残る道かもしれない。

環境権をつけくわえることや道州制への移行などのために、「憲法」を改正する国民的な議論を盛り上げなければならないであろう。

ここで取り上げた原発政策とエネルギー政策については、日本は、ドイツから学ぶべきことが多い。原発を廃止し、化石燃料から自然エネルギーに大転換する政策を推進することは、日本の本格的復活の大前提であると考えられるからである。

第2章

ドイツの“考える”ための教育

1　教育制度の概要と監督官庁

(1) 教育制度の特徴

ドイツの教育制度の大きな特徴は、三分岐型（三線型や複線型ともいわれる）の教育制度が採用されていることにある（木戸裕「現代ドイツ教育の課題」『レファレンス』平成21年8月）。

ドイツの学校系統図は、図表2にしめすとおりである。

就学前教育段階は幼稚園である。

初等教育段階は、生徒が共通して通学する4年制の基礎学校である。

その後、州によって多少年限がことなるが、中等教育段階は、5年制のハウプトシューレ（基幹学校）、6年制の実科学校、8年制（現在ある9年制は2016年度で廃止）のギムナジウムにわかれる。三分岐型教育制度とよばれるゆえんである。

従来は、大学に進学できるのは、ギムナジウムに進学した生徒だけであった。最後の3年間がギムナジウム上級段階であって、大学入学資格試験であるアビトゥーア試験に合格することで終了する。

ドイツでは、日本のように、大学ごとに入学試験を実施していない。

アビトゥーア試験とよばれるギムナジウム卒業試験に合格すると、原則として、全専門分野の

図表２　ドイツの学校系統図

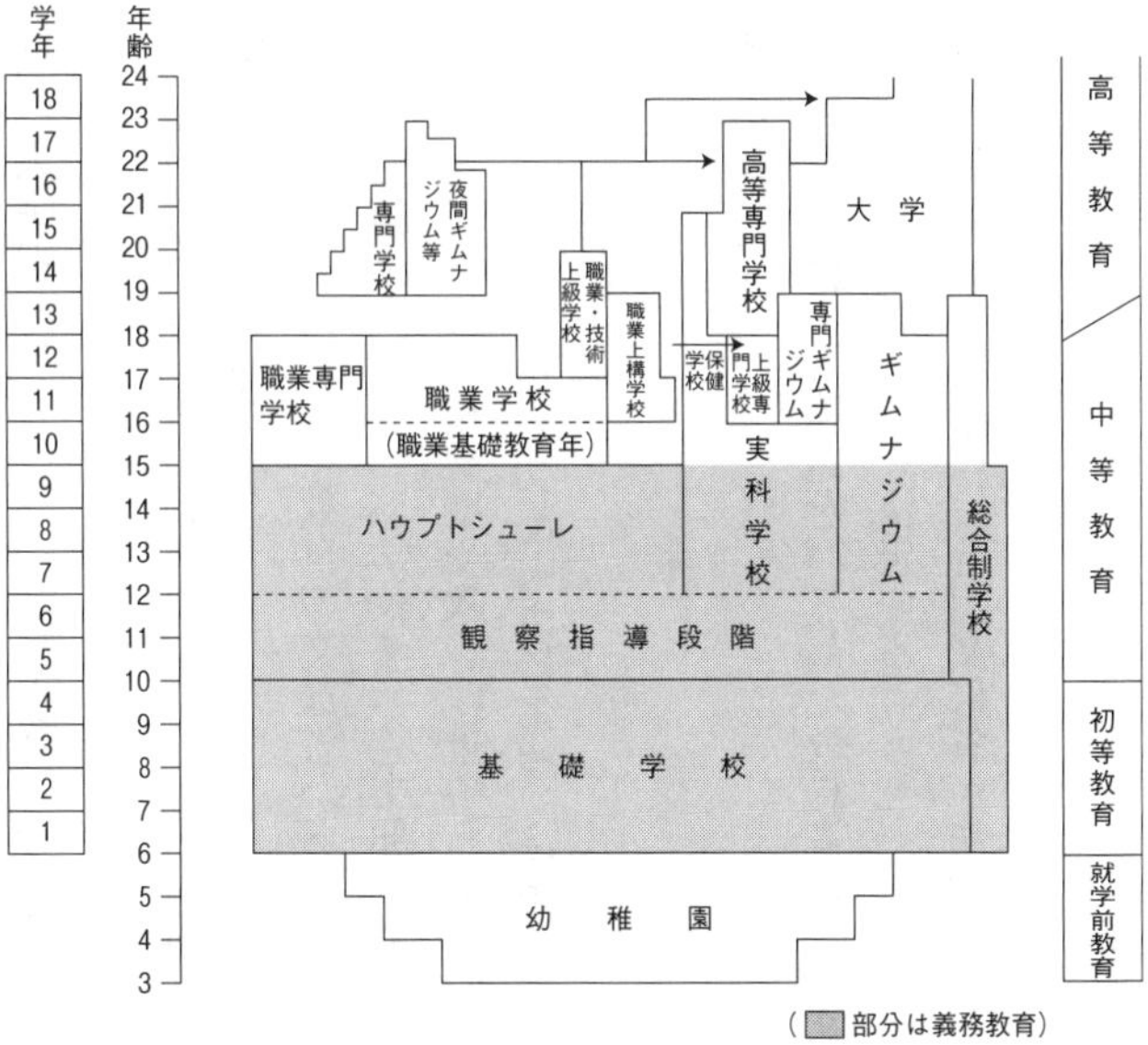

（出所）文部科学省「諸外国の教育動向 2012 年版」

すべての大学に進学することができる。

（2）監督官庁と教科書の採択

連邦政府と州政府の権限

ドイツは、旧西ドイツ11州、旧東ドイツ5州の16の州で構成される連邦国家である。

「基本法（憲法）」では、教育・文化にかんしては、「基本法」に特段のさだめがないかぎり、州の権限にぞくするとされている。これが州の「文化高権」とよばれるものである（山口和人「連邦制改革のための基本法改正実現」『ジュリスト』１３２１号、２００６年10月）。

従来、連邦政府が「大学制度の一

般原則」についての立法権限を有していたが、2006年の「基本法」改正で削除され、連邦の権限は、「大学の認可と閉鎖」、「職業教育への助成」、「学術研究の振興」などがのこるだけである。

連邦政府には、連邦教育研究省があり、大臣も配置されているが、連邦の教育行政にかんする権限はきわめて限定的である。

したがって、各州には、独自の文部省があり、文部大臣がいる。教育にかんする具体的事項については、各州の「憲法」、「学校法」、「文部省令」などで規定されている。

ただし、州ごとの学校制度や教育政策のちがいのほか、大学制度など、ドイツ全体にかかわる事案については、各州の文部大臣によって構成される常設の各州文部大臣会議の協定や決議によって調整されている。

教科書の採択

各州の文部省による検定をパスした教科書は、州文部省の作成する教科書リストに掲載され、各学校が採用する教科書を決定する。

教科書検定審査の基準は、各州文部省が法令でさだめている。その基準は、

①「基本法（憲法）」や法令に違反していないこと、

②学習指導要領にしめされた目標と内容に一致していること、

③学問の水準にそくしたもの、

④生徒の年齢にそくしたもの、
などである。

日本では、安倍首相のグループがバックアップする育鵬社の発行する歴史・公民教科書が、2015年度に公立中学校の3・9%のシェアをしめている。いまのところ、採用は多いとはいえないが、この教科書は、安倍氏などの歴史認識や憲法観を反映しているといわれている。

学校教育で、時の政権の考え方を押し付けるようなことがなされていけない。

日本のように、「歴史をゆがめて戦争を美化する」(「東京新聞」2015年6月26日)ごとき教科書は、ドイツで採用されることはないであろう。

2　就学前教育機関と初等・中等教育

(1)　就学前教育機関

ドイツでは、日本のように、幼稚園と保育園が二元化されていない。

0歳から2歳以下の子どもを受け入れるのが保育園である。

満3歳から就学年齢までの子どもが通うのが幼稚園である。

保育園と幼稚園は、法制上は、児童福祉施設であり、学校教育制度には組み入れられていない。

（2）初等・中等教育

初等教育

日本での小学校にあたるのが基礎（基幹）学校で、すべての生徒が通学し、期間は4年である（ベルリン市とブランデンブルク州は6年間）。

各州は、法令によって、6月30日までに満6歳になっている子どもは、8月1日の進学年度の開始とともに基礎学校に入学することが義務づけられている。

この年の7月1日から12月31日までに満6歳になる子どもは、保護者の申請により、身体的かつ精神的に就学可能とみとめられたばあいには、入学することができる。

ただし、満6歳にたっしていたとしても、心身の発達上から就学に適さないと判定された子どもたちのために、基礎学校に学校幼稚園や予備学校が設置されている。

日本のように、機械的に年齢で小学校に入学させるのではなく、心身の状況を考慮するというのは、子どもの発達段階を考慮するという観点から合理的なものであろう。日本でもドイツのように、柔軟な対応が必要であるとおもわれる。

成長過程にある6歳の子どもには、1年間のちがいというのは、かなり大きなものだからである。もちろん、客観的判断ができるような基準を明確にしなければならないことはいうまでもないことであるが。

前期中等教育

初等教育を終了した生徒は、ハウプトシューレ（基幹学校）、実科学校、ギムナジウムのいずれかにすすむ。これが、日本ではみられないドイツの三分岐型（三線型や複線型）学校制度といわれるものである。

それにしても、わずか10歳そこそこの子どもたちに、その後の生涯がきまるかもしれない選択をさせるのは、あまりにも酷であろう。

そこで、最初の2年間を観察指導段階として、基礎学校から通算して6年目終了時に、それぞれの能力、適正、希望などにおうじて、進学校を最終的にきめるという仕組みがとられている。

ハウプトシューレ（基幹学校）は5年制で、卒業すると就職する生徒が多い。

実科学校は6年制で、中級の技術者が養成される。

ギムナジウムは、8年制に移行しつつあるが、伝統的な大学進学コースである。

これら三つの学校形態をひとつにまとめたのが総合制学校である。

後期中等教育

前期中等教育を終えた生徒たちは、後期中等教育にすすむ。

後期中等教育は、普通教育学校と職業教育学校に区分されている。

前者には、ギムナジウムの最後の3年間のギムナジウム上級段階がある。この段階は、大学入学資格試験であるアビトゥーア試験に合格することで終了する。

ギムナジウムの試験は、ほとんど論文形式である。したがって、ギムナジウムの生徒は、要旨をまとめる力、思考力、表現力が高まり、独自の見解をもつように教育されるといわれている。日本でも暗記型の教育から脱却しようとしているが、ようやく自分の頭で考える訓練をするドイツのような教育システムに移行しつつあるといえるかもしれない。

職業教育学校には、全日制の学校と定時制の学校があり、多岐にわたっている。たとえば、職業学校は、義務教育を終えた後にすすむ定時制の学校で、週1~2日授業をうける。同時に徒弟として企業に勤務して企業内訓練をうける。

このように、企業の職業訓練と職業学校の授業が並行しておこなわれているので、二元制度とよばれ、ドイツのマイスター（親方）制度の根幹をなしている。

マイスター制度

ドイツで伝統的にいいモノ作りをささえてきたのは、封建制の時代からつづいているマイスター（親方）制度である。

ドイツでは、現在では、41業種の手工業にたいして、開業前のマイスター資格の取得が義務づけられている。

マイスター制度では、まずは、徒弟として手工業で修業をつんで、職人となる。中世には、職人の人格と腕をみがくために、遍歴修業というのがおこなわれた。

この修業は、ドイツのあちこちを歩いて、現地の親方のもとで腕をみがくというものである。

あちこちでほどこしをうけながら修業するので、他人のためにつくすようになるといわれている。そのため、腕だけでなく、人格もみがかれる。だから、他人をだましても、粗悪品を売りつけようとするふとどき者はほとんどいなかったことであろう。

きびしい修業をへてマイスター試験をうけ合格し、親方の空きがあればようやくマイスターとして認定された。

ドイツではかつては、大学卒業生はエリートであったが、職業学校などをへてマイスターになれば、大学卒と同等の社会的評価をうける。だから、日本のように、勉強をしたくないのに大学にいくということはあまりなかったようである。

このマイスター制度は、ドイツでいいモノ作りをささえてきた。しかしながら、欧州連合（EU）にそんな制度があるはずもないので、職業選択の自由が阻害されているなどと批判されてきた。

そこで、２００４年１月施行の「新手工業法」で、開業にさいしてマイスター資格を必要とする業種が、それまでの94業種から41業種に大幅に削減された。

必要とされる41業種でも、危険性のある業種をのぞいて、職人として6年間の経験をつみ、そのうち指導的地位に4年間ついていたばあいには、マイスター資格がなくても開業できるようになった。

このマイスターの称号と長年の職業経験は、２０１１年8月31日の連邦行政裁判所の判決によって、手工業者がしっかりとした、安全な仕事をするということを保証するものであるとみとめられている。

マイスター制度が、ドイツのいいモノ作りのために貢献しているということを司法がみとめたということなのであろう。いいモノ作りの危機がさけばれている現在、日本でもこのような制度の導入を検討してもいいかもしれない。

（3）ドイツの教育改革

半日学校と全日化

ドイツの学校制度では従来、半日だけで授業が終了する半日学校が一般的であった。すなわち、午前8時ころに授業がはじまり、午後1時ないし1時半あたりに終わるというものであった。

それは、「基本法（憲法）」第6条で、「子どもの保護及び教育は、親の自然の権利であり、まずもって親に課せられた義務である」（高橋和之編『新版　世界憲法集』岩波書店、2012年、以下、ドイツの「基本法」の条文は、とくにことわらないかぎり同書による）と規定されているからである。

したがって、日本では、なかなか理解されないことであろうが、学校が午後まで授業をおこなって教育をするということは、なんと親（保護者）の教育権の侵害であるとされてきたのである。

ところが、職業を有する女性の増加、家族構造の変容、などから学校の全日化をもとめる声が高まってきた（木戸裕、前掲書）。

また、低学力層、あるいは移民の子どもなどは、保護者が働いているとか、あるいはドイツ語能力が不十分であるにもかかわらず、十分な教育をうけることができなかった（久田敏彦監修、ドイツ教授研究会「ＰＩＳＡ後の教育をどうとらえるか」八千代出版、２０１３年）。

さらに、つぎにのべるようなＰＩＳＡショックもあって、午後も授業や宿題の手助けや補習授業、クラブ活動などをおこなう全日学校が増加してきている。

全日学校は、２００２年の４９５１校から12年には１万４４７４校と約3倍となり、学校全体の51％をしめるにいたっている。ただ、バイエルン州が10％にすぎないものの、ザクセン州では73％で州によってばらつきがある。

ＰＩＳＡショック

学校の全日化への移行は、ＰＩＳＡショックでさらに促進されることになった（久保田敏彦監修、同）。ＰＩＳＡは、経済協力開発機構（ＯＥＣＤ）教育部門が２０００年から3年ごとに15歳を対象にして実施している国際「学力」調査である。

２０００年の調査で、読解が31か国中21位、数学が20位、科学が20位と低迷した。これが、ＰＩＳＡショックである。

ちなみに、日本は同年、読解が8位、数学が1位、科学が2位であったが、第二回目（２００

3年）の調査結果は、読解が40か国中14位、数学が6位、科学1位であった。平均点が下がるとともに、1位グループとの差が広がった。これが日本でのPISAショックである。

ドイツでのPISAショックで、各州文部大臣会議は、

①就学前教育における言語能力の改善、
②早期入学を目標とした就学前領域と基礎学校とのよりよい継続、
③基礎学校での教育改善ならびに読解力と数学・自然科学関連の全般的改善、
④教育的にハンディキャップをもつ子ども、とくに移民背景をもつ青少年の効果的推進、
⑤拘束力のあるスタンダードと成果志向の評価にもとづく授業と学校の質の徹底的な開発と確保、
⑥教師の活動の専門性、とくに組織的な学校経営の構成要素としての診断的・方法的能力にかんする教師の専門性の改善、
⑦教育・促進機会の拡充を目標とした、とくに教育不足の生徒と特別な才能をもつ生徒のための学校と学校外の終日プログラムの強化、

という七つの行動領域で合意して、すみやかに対応した。

大学入学の門戸開放

ドイツでは、日本のようにそれぞれの大学で入学試験はおこなわれていない。

ドイツの三分岐型学校制度では、従来は、大学に入学するためには、ギムナジウムに入学して勉強し、アビトゥーア試験に合格しなければならなかった。

わずか10歳で、どの中等教育機関に入学するかをきめ、そのことで、将来の進路が決定された。これでは、あまりにもかわいそうである。

そこで、現在では、ギムナジウム以外の教育機関を経由しても、大学に入学することができるようになってきている（木戸裕、同）。

ギムナジウムを経由するのが「第一の教育の道」であるとすれば、ギムナジウム以外の学校で学び、大学入学資格を取得するコースが「第二の教育の道」とよばれている。

たとえば、第二の道には、夜間実科学校、夜間ギムナジウム、コレークなどがある。

現在では、こうした学校にいかなくても、職業訓練資格を取得して大学に入学する「第3の教育の道」もある。

3　ドイツと日本の高等教育

(1)　ドイツの大学の特色

ふたつのタイプ

ドイツの大学は、大きくふたつのタイプに区分される。すなわち、博士号や大学教授資格を授与できる大学とそうでない大学である。（木戸裕「ドイツ大学改革の課題」『レファレンス』平成21年5月）。

博士号などの授与権を有する大学が学術大学である。そうでない大学は、専門大学とよばれている。

学術大学には、伝統的な意味での総合大学のほか、教育大学、神学大学などがある。

専門大学の多くは、従来、技術者学校や高等専門学校などの中等教育の学校が、１９７０年代半ばに大学に昇格したものである。

ドイツの大学は、そのほとんどが州立であり、授業料は原則として徴収されない。ただし、最近では、多くの州で長期在学者から一定額の授業料を徴収している。

私立大学も現在では増えてきているが、学生数の割合は数パーセント程度である。

ドイツの大学生は、１９５０年代前半は10万人台であったが、現在では、同年齢層の3分の1強が大学に入学している。

そのため、従来、学生が大学間を自由に移動することができ、あまり格差がなかったドイツの大学にも、最近では、多少の格差が生じてきているようである。

大学入学と卒業

ドイツでは、従来、アビトゥーア試験に合格すれば、原則として、どの大学にも、どの専門分野でも入学することができた。

しかしながら、大学進学者が増加した1970年代以降、医学部などいくつかの専門分野では、志願者全員を収容できないので、入学制限が実施されている。

1973年からは、中央学籍配分機関が設立され、ドイツ全体で一括して大学入学者を決定する仕組みがとられている。

日本の大学では、4年間で124単位をとると卒業できるが、ドイツでは、たとえば、6ゼメスター（1ゼメスターは半年なので3年間）というように、標準的な学習期間がさだめられているだけである。

ドイツの大学の卒業というのは、修学したゼメスター数と最終的にどのような試験、たとえば、医師・教職・司法試験などの国家試験、ディプローム試験、マギスター試験などに合格し、大学を退学するということである。

したがって、日本とちがって、ドイツでは大学への在学期間が長く、卒業者の平均年齢も28歳程度と高くなっている。

（2）ドイツの大学改革

入学者の選抜方法の見直し

ドイツの大学入試制度では、従来、大学は、自分の大学への入学者の選抜に関与できなかった。

そのため、中央学籍配分機関の機能を縮小し、各大学がみずからの設定する基準にしたがって、大学の責任で入学者を選抜するようにすべきであるということが、大学学長会議などで議論されてきた。

そこで、1998年8月に「第四次改正大学大綱法」が施行された。ここで、アビトゥーア試験の成績で55％が、同試験合格後の待機期間により25％が選抜され、各大学が独自に決定できる枠が20％設定された。

2003年冬学期からは、各大学の独自決定枠が20％から24％に、04年8月公布の「第七次改正大学大綱法」では、最大60％まで拡大された。

大学入学制度では、職業上の資格をあたえられた志願者には、学校で大学入学資格を付与されなくても、州のさだめによって、大学入学の可能性があたえられることになった。

特別の能力を有する生徒は、正規の大学入学要件をみたしていなくても、大学で学習して取得した成績は、のちに正規の学生となったときに承認されることになった。

競争を志向する大学

ドイツの大学は、従来、大学間に格差がないという前提のもとで発達してきた。それは、かつての大学生が10万人程度の時代のことであった。

ところが、同年齢層の3分の1強が大学生となっている現状ではそれはむずかしい。もちろん、大学生の20％程度は国家試験などに合格できずに退学しているので、実際に卒業できるのは同年齢層の四分の一程度であろう。

ドイツの大学も競争と評価を主体とする「アメリカ型」の大学へと変化しつつあるといわれている。日本の文部科学省によるグローバル30のように、ドイツでもエリート大学の選抜や大学のランキング付けがおこなわれるようになってきている。

大学入学者が三分の一で、卒業者が四分の一くらいであれば、研究者養成大学が必要であったとしても、日本のように、そのほかの大学を切り捨てて、のこった大学を「職業訓練校」にするという発想はないのであろう。

ドイツの大学改革のために、２００５年6月に連邦と州は、「ドイツの大学における芸術および研究の促進に関する連邦と州のエクセレンス・イニシアティブ協定」を締結した。

この目的として、
①大学の先端的研究を助成し、国際的な可視性を高める、
②大学における学術後継者のための卓越した条件を整備する、
③学科、研究機関間の協力を深化させる、
④研究の国際的なネットワークを強化する、
⑤学術における男女平等を促進する、
⑥ドイツにおける学術的な競争を強化し、学術スタンダードの質を幅広く改善する、
ということがかかげられている。

そのため、

①学術後継者の育成促進のための大学院、
②先端研究の促進のためのエクセレンス・クラスター、
③大学における先端研究のプロジェクト構築のための将来構想、
を充実させることになった。

従来、ドイツには、学士、修士などの学位制度はなかったし、大学院も存在しなかった。

そのため、博士号を取得するばあいには、大学にのこり、指導教授のもとで論文を作成し、博士試験に合格する必要があった。これが、ドクター・アルバイトとよばれるものである。

そこで、学士、修士、博士というように、段階化された高等教育基本構造が導入された。

ＥＣＴＳ（European Credit Transfer System）とよばれるヨーロッパ共通の単位互換制度が取り入れられ、学士、修士などの学位が付与されるような制度が導入されている。

大学教授については、１９９８年の「第四次改正大学大綱法」で、大学教授資格がなくても、高い学問的業績や専門性を有するばあいには、登用される道も開かれた。

２００2年2月の「第五次改正大学大綱法」で、大学教授資格にかんする条項が削除されるとともに、ジュニア・プロフェッサー制度がもうけられた。

この制度は、博士号を取得した30歳前半の独立した研究者の採用を念頭においている。

ジュニア・プロフェッサーは、３年の任期制で、最大3年まで延長できる。これからは、大学教授は、基本的にジュニア・プロフェッサーを経験した研究者から選考されることになった。

（3）日本の大学改革

社会で役に立たない大学教育

戦後の日本の大学教育は、卒業して就職しても、ただちに仕事に役立つことはなかった。企業の側もそのことをよく知っていたので、新卒採用の社員には、しばらくは内部で社員教育をおこなった。

社員教育をへて支店などで現場の仕事をすることになったが、そのばあいも先輩社員が指導係について仕事をおぼえ、一人前の社員となっていった。

どうして企業側は、わざわざコストをかけて、社内教育をおこなっているのか。企業には、企業カルチャーがあって、企業独自の理念を、入社まもないまだ社会にもまれていないうちに、たたきこむためである。

それでは、どうして日本の大学は、社会に出てもすぐには仕事に役に立たない教育をおこなっているのか。大学は、教養と知性と徳を身に付けた専門家を育成する高等教育機関だからである。

いまはほとんど廃止されたが、大学の1年生と2年生が所属した教養部は、専門課程にすすむまえに、一般教養を身に付けるためにおかれたものである。

文系はもちろんのこと理系の学生にも、とくに、哲学、倫理学、日本史、東洋史、西洋史、世界史、文学、芸術、心理学などの講義がおこなわれた。

とくに、哲学などは人間が生きていくうえでの基本的な考え方を教授するものであり、倫理学では、社会で生きていくうえでの規範を学ぶ。歴史は「過去と現在の対話」という学問であり、文学や芸術や心理学は、人間の心にせまるものだからである。

教養部は、戦前の旧制高校を踏襲したもので、大学で幅広い一般教養を身に付けた人材が社会に出て、日本の戦後の高度経済成長を担ったのである。

だが、このような考え方が通用したのは、1980年代末の金融（不動産）バブルまでだったかもしれない。

低成長時代になると企業収益が激減し、十分な社員教育をおこなうことができなくなった。輸出大企業などはともかく、その他の大企業、とりわけ中小企業には、それは深刻である。

そこで、平成大不況に突入すると、社会の役に立つ大学教育ということが、叫ばれはじめたようにおもわれる。

社会の役に立つ大学教育

大学教育は、平成大不況のなかで大きく変容してきたようである。文部科学省は、経済成長のために、大学と企業の共同研究を促進してきた。ひと昔前であれば、産学共同だとして批判されたものである。最近では、防衛省と軍事技術の共同研究をすすめる大学もある。

かつては、企業収益に貢献しない基礎研究は、利益を追求しない大学がおこなうべきだという考え方が主流であったが、これが根底から否定されている。基礎研究がおろそかになれば、科学・技術の発展はおぼつかないということが理解されていない。

企業の社員教育コスト負担を軽減するために、世界を相手に競争するほんの一部の大学以外は、職業訓練校に特化しろといわれている。それができなければ、大学をやめろといわんばかりである。

文部科学省は、旧帝大をはじめとする世界を相手に競争するグローバル30という大学を選定し、重点的に予算を配分する。

とくに文部科学省は、国立大学を税金である運営交付金をつうじて直接コントロールできる。そのせいか、安倍政権は、国立大学にたいして、式典のときに国旗を掲揚し国歌を斉唱することを強制している。

文部科学大臣は、国立大学の人文・社会科学系の学部を廃止するという。その理由がふるっている。人文・社会科学系の国立大学に政権批判をおこなう教員が大勢いるからである。政権への批判封じとは、なにをかいわんやである。

いままでのように、大学で幅広い一般教養を身に付け、そのうえで専門を身に付けた人材の育成が不可欠であろう。日本は、すぐれた大学教育をおこなってきたからである。

日本がこれから本格的に復活していくためには、国立大学の人文・社会科学系の廃止、ほとんどの大学の職業訓練学校への転換は、阻止しなければならない。

ただし、自分の頭で考え、しっかりとした、独自、論理的な考え方をもてるような大学教育は不可欠である。

そのためには小学校教育から、たんに知識を教え込むようなことをやめて、生徒同士が自分の意見をもって、活発な議論ができるような教育への転換が必要である。

歴史の年号の暗記などまったく無意味である。年表をみればわかることだからである。どうして明治維新がおこったか、どうして日本はアメリカと戦争したのか、などを考えるのが歴史学にほかならない。

第 3 章

ドイツの社会的市場経済

1　社会的市場経済原理

（1）社会的市場経済の登場

社会的市場経済の定義

アルフレート・ミューラー・アルマックというひとが、第二次世界大戦後の旧西ドイツの経済政策の基本理念である社会的市場経済という言葉をはじめてつかった。

アルマックは、マーケットにおける自由の原則を社会的平衡（安定）の原則と結合すること、競争経済を基礎として、自由の創意をほかならぬ市場経済の効率によって保証される社会発展と結合することをめざすものを社会的市場経済と定義した。

アルマックの見解をみてみることにしよう（福田敏浩「社会的市場経済の原像」『彦根論叢』320号）。

ドイツのナチズムは、経済を国家に従属させることによって社会問題の解決をはかろうとしたが、ナチ政府が場当たり的におこなった価格凍結や賃金凍結の政策は、市場経済の機能麻痺をもたらし、ついには、国家による資源の全面的割り当てを余儀なくされた。

経済統制は、干渉主義の行き着いた最終にして究極の形態にほかならず、その結果、経済生活における個人の自由が抑圧され、物心両面での国家への隷従がしいられた。

このようにナチズム経済を規定することによって、自由の価値に合致する経済システムとしての市場経済と社会的安全というふたつの価値観が提示される。すなわち、経済的自由と社会的安全の結合、あるいは自由主義秩序と社会的安全の真の結合という価値観が提示されたのは、市場経済、すなわち市場価格メカニズムには、社会的諸問題を解決する能力はないので、ひとびとの生活をおびやかす失業や貧困、環境破壊などは社会的に解決しなければならないからである。

社会的市場経済原理の社会的という言葉には、社会的解決という意味が込められている。社会的安全には、市場経済が暴走することによって生ずるさまざまな諸問題を事前にコントロールするという重要な意味もこめられている。

政策体系の概要

社会的市場経済の政策体系の特徴のひとつは、国家による経済への干渉をみとめていることである。ただし、経済への干渉は、統制経済とちがって、全体的秩序理念を基礎にした市場整合性の原則にしたがっておこなわれる。

具体的には、たとえば、「独占禁止法」などのような市場価格メカニズムのインフラにあたる経済秩序の形成を目的とするものである。このような経済秩序は競争秩序とよばれている。

さらに、国家は、社会にたいしても積極的に干渉する。国民に自由で安全な生活を保証できるような社会秩序の形成をめざした社会政策を遂行するのも国家の役割である。

もうひとつは、社会政策の推進であり、それは、自由と安全の保証からなっている。具体的には、市場経済を国家、社会、技術、法律のなかに組み込むとともに、これらの領域の間に内的調和をもたらすというものである。

また、市場経済を野放しにすると人間疎外のような精神世界のプロレタリア化をまねくとか、所得格差や貧富の差、失業などが生み出されるので、国民に安全な生活を保証するために、社会的なアンバランスを是正しなければならないということである。

社会政策の内容というのは、

第一に、自由の実現、すなわち、財産形成制度などの平等なスタート条件の設定、および自営業者や中小企業者など中間層の自立支援政策などの自立の促進、

第二に、経済の社会的制御、すなわち環境政策、人的資本の育成、教育政策、防災、保健衛生の改善、社会環境の整備、都市政策、エネルギー政策などの市場経済の生活様式への囲い込み、および共同決定、利潤形成・分配への参加、田園都市政策などの脱プロレタリア化、

第三に、社会的バランスの実現、すなわち国家財政による所得再分配政策、失業対策と完全雇用をめざす景気政策、およびインフレ対策としての所得政策や通貨価値安定政策、国民生活の安定化のための最低賃金・扶養手当・社会（公共）住宅・各種の社会保障などの生活の安定化、などである。

このような、社会的市場経済原理にもとづいて、戦後ドイツの経済政策が策定され、実行されてきた。

（2）「譲歩型」資本主義

東西分割

ドイツは、戦後、工業国で唯一、東西に分割されたが、資本主義国として生き残った旧西ドイツは、国民に高賃金・高福祉（もちろん負担も多い）、良質な住宅の低価格での提供などをおこなわなければ、その立国の国是を否定される立場におかれた。

それは、旧西ドイツが分離「独立」（１９４９年６月）してから、「社会主義国」旧東ドイツが「建国」（同年９月）されたからである。

「社会主義国」旧東ドイツは、少なくとも「建国」当初は、旧ソ連の支援もあって、表向きは、とりあえず「労働者」のための国作りをおこなった。

低廉な住宅を大量に提供し、雇用機会を確保し、失業はなく、福祉も「充実」するとともに、託児所が完備されたので、女性も積極的に社会進出が可能となった。これに、資本主義旧西ドイツは対抗しなければならなかった。

したがって、資本主義国であるにもかかわらず、旧西ドイツは、「社会主義」に対抗するために、労働者に「譲歩」せざるをえない立場におかれた。

とことん利潤を追求する経済システムであるはずが、利潤のかなりの部分を労働条件の向上や福祉の充実に割かざるをえなかったのである。

これを私の先生である古川哲元法政大学教授は、「譲歩型」資本主義とよんだ。とうぜん、企業収益は「侵食」された。ドイツがヨーロッパの統合に積極的に参加しなければならなかったのは、そのためでもあった。

社会的市場経済の経済政策

ドイツにおいて主として社会的市場経済原理が導入されてきたのは、競争制限の防止、中央銀行による金融政策、社会福祉などの社会政策、そして、庶民金融や住宅政策などの分野であった。とくに、競争制限防止や社会的不公平・不公正をゆるさないという政策はかなり徹底している。とはいえ、現在では、社会福祉の分野では、財政赤字が拡大してきたことや企業負担が高すぎることなどから若干サービスは低下してきている。

ドイツでは、現在でも、住宅政策や住宅金融はかなり政府の関与が強い分野である。というのは、庶民にきちんとした住宅が提供されているということが、政治的・社会的安定の大前提だからである。

したがって、ドイツでは庶民重視の住宅政策がとられてきたし、住宅金融は、公的金融機関である貯蓄銀行や建築貯蓄金庫、復興金融公庫などが重点的にてがけてきた。

さらに、貯蓄銀行や信用協同組合による中小企業金融も充実している。

ようするに、市場原理主義を徹底させていくと、悪い意味で、もっとも効率性を発揮する分野が金融システムなので、この分野にかなり社会的市場経済原理が適用されてきたということなのである。

ドイツ連邦銀行の金融政策

とくに、社会的市場経済原理が厳格に適用されたのが、中央銀行の金融政策の分野であった。したがって、ユーロ導入までドイツの中央銀行であったドイツ連邦銀行は、その唯一の使命が通貨価値の擁護（物価の安定）とされた。

それは、ひとつは、ハイパー・インフレが発生すると通貨の信認が失われ、だれも通貨を受け取らなくなるからである。モノが通貨のかわりをするようになり、経済システムが崩壊する。

もうひとつは、営々として築き上げてきた庶民の預金が目減りしたり、失われたりする一方で、政府や企業の借金が自動的に減ったり、一挙になくなったりするからである。

政府・金融当局の政策の失敗で庶民が深刻な被害をうけ、企業がインフレ利得を獲得するというのは、典型的かつ究極の社会的不公平である。

こうして、庶民には、その原因にまったく責任がないのに、国家や企業によって過去の労働が「合法的」に「収奪」されないように、ドイツでは、戦後、一貫して物価安定の金融政策がとられてきた。

欧州通貨統合でも、この原理は、欧州中央銀行（ＥＣＢ）に厳格に継承され、ユーロ安定とインフレ阻止の金融政策が実行されている。

社会的市場経済実現の前提

このように、ドイツが社会的市場経済を実行できたのは、戦後、ドイツが西ヨーロッパの統合に参加することができたからである。

というのは、統合に参加することによって、相対的に強力なドイツの重化学工業企業が高収益を上げることが可能となり、その利益の一部を労働者や庶民に還元することができたからである。

この西ヨーロッパ統合に参加できるための大前提は、軍事・政治は、西ヨーロッパ統合の枠組みのなかですすめ、政治的・軍事的にけっして跳ね上がらないこと、統合への参加によって、経済的果実の獲得のみに徹するということであった。

かつての日本が嘲笑されたように、「エコノミック・アニマル」に甘んじるということだったのかもしれない。だが、それは、ドイツ人が日本人より「立派」だからではない。

旧西ドイツは、そうしなければ、国民経済として存立しえないという、すぐれて戦後的な深刻な事情があったからである。生きていくために、やむにやまれぬ苦渋の選択をしたということであった。

とはいえ、のちにのべるように、ユダヤ人大虐殺（ホロコースト）にたいして徹底的な謝罪をするのは、戦後、だいぶ経過してからのことである。

西ドイツが、西ヨーロッパの統合に参加せざるをえなかったのは、

第一に、第二次世界大戦での侵略戦争とホロコーストを徹底的に謝罪するために、西ヨーロッ

パのなかで控えめに生きていく道を選択せざるをえなかったことと、分割占領されたドイツが統一するためには、米英ソ連のほか、フランスのいうこともきかなければならなかったこと、

第二に、戦前のドイツの「経済圏」であった東ヨーロッパ諸国が根こそぎ「社会主義」国になってしまうとともに、戦前のドイツ帝国の農業地帯が旧東ドイツとして、これまた「社会主義」国に離脱してしまったことで、「譲歩型」資本主義として生きていくためには、マーケットと農業をもとめて西ヨーロッパの統合に参加せざるをえなかったこと、などによるものであった。

旧西ドイツは、日本のように、農業とマーケットをアメリカに依存するという選択肢もなかったわけではないが、西ヨーロッパにもとめるのが自然であった。

ちょうど「超大国」アメリカとソ連に対抗するために、なんとしても旧西ドイツを引っ張り込んで対米・対ソ巨大勢力圏の構築に燃えていたフランスとの利害が、ここでぴったりと一致したのである。

ドイツとフランス主導の西ヨーロッパの統合が、戦後、ダイナミックに進展していくのはそのためである。

2　戦後のドイツ経済

(1)　モノ作り国家

転倒した日本の近代化

日本は、明治維新をへて富国強兵の名のもとに、近代化の道を歩むことになった。ところが、その実態というのは、あくまでも「強兵富国」であった。

通常の近代化のプロセスというのは、富国強兵であって、「強兵富国」ではない。産業革命によって機械制大工業が成立し、しかるのちに、重化学工業が構築されてはじめて、近代的な兵器などの軍需品を生産できるようになるからである。

繊維産業から重化学工業へと発展し、近代的な鉄鋼業、石炭業、金属・機械工業、化学工業などが構築されてはじめて、国が富む。すなわち、富国が可能となる。そうすると、軍需産業が「発展」していく。これこそ富国強兵である。

ところが、強兵を先行させると、軍需産業は「発展」するが、近代的な重化学工業が構築されることはない。歴史的にこのような「強兵富国」を推進できたのは、厳密には、明治維新以降の日本だけである。

日本は、軍需産業を育成・発展させるため、そのかぎりにおいて、軍事に必要な重化学工業を欧米から導入した。重化学工業は、本来、潜在的軍事産業とよばれるが、戦前日本のばあいは、まさに「顕在的」軍事産業そのものにほかならなかった。

産業の「米」たる鉄鋼を、陸海軍工廠や軍需企業に供給するために、国家によって設立された官営八幡製鉄所は、戦前には、ついにマーケットでの競争によって利潤を追求する民間企業としては存立できなかった。

軍事産業の多くは、太平洋戦争開戦時までは、欧米からの科学・技術の導入で、ほぼ一流の水準にあったが、それ以外の戦前の重化学工業はまさに「屑物件」であった。第二次大戦後の日本経済の復興に、まったく役に立たなかったのはそのためである。

ドイツの近代化

ところが、おなじ敗戦国のドイツはかなり事情がちがっていた。まさに、日本とは、まったく逆の道、すなわち富国強兵という「順当」な道を歩んできたからである。

ドイツは、近代化に踏み出す時期がイギリスに半世紀おくれたこともあって、産業革命は、鉄道建設によって推進された。しかも、イギリスから安い製品がはいってきて、ドイツの近代化が阻害されないように保護貿易主義をとった。

繊維工業主導のイギリスとちがって、鉄道建設が主導する産業革命というのは、はじめから、鉄鋼業、石炭業、機械工業など重工業の発展をもたらした。

鉄道建設は、さまざまな領邦国家からなるドイツの統一的なマーケットの形成に役立ったし、重工業の構築のために必要な大規模な資本の調達を可能とする近代的株式会社制度が普及した。

こうして、ドイツは19世紀末に、鉄鋼・石炭業や機械工業にくわえて、化学・電機・自動車などの産業を発展させ、20世紀初頭には、アメリカともに重化学工業の母国として、さっそうと世界史の表舞台に登場した。

堅実な経済

ドイツのモノ作りは、マイスター制度といういわば現代版の「徒弟制度」のもとで、その質が担保されている。マイスターという親方が製品の質を保持するとともに、丈夫で長持ちするよいモノ作りに専念してきた。

なかなかこわれない頑丈なもの、もしこわれても修理していつまでも大事につかってもらうというのが、マイスターや職人にとっての「勲章」である。

マイスター制度も最近ではある程度変化してきているが、このいいモノ作りの伝統と精神は、21世紀の現在のドイツでも継承されている。

いいモノを作るので、ドイツでは、何十年も部品が保管されている。ドイツ人はモノを大切にするのでたいていは修理してつかいつづけ、形が古いからとか、部品がないからすてるということもあまりないようである。

自動車なども中古品の部品のマーケットがあって、必要な部品を安く買って、修理して乗りつづける。事故をおこしても自己責任なので、車検などという制度もない。

少々高いが、家はもちろん家具も頑丈なものを作って、何十年、何百年もつかいつづける。ドイツ人は、たとえば100年も前に建設されたミュンヘンの市庁舎をいまでも新庁舎とよぶことにまったく違和感をもたない。

欧州連合（EU）とともに、ドイツは、農業保護の政策を採用してきたので、ドイツの食料自給率は90％程度の水準にある。

日本とちがって、ドイツの農業保護・育成は、食糧自給率の上昇だけでなく、環境保全にも重要な役割をはたしている。林業の育成も環境保全にとって不可欠であるという考え方である。

ドイツは、しっかりとした都市政策を策定し実施している。住宅の形や色まで厳格に統一する必要があるかどうかはともかく、住みよい住環境を作り上げるために、行政・企業・市民が協力している。とりわけ、地球環境保全は徹底している。

ドイツは、日本のように貧富の格差を拡大させ、弱者を切り捨てるアメリカ型市場原理主義を拒否してきた。

（2）農業保護と金融規制

農業の保護

ヨーロッパの統合というのは、域内では関税をとらない関税同盟と農業保護のための共通農業政策によって開始された。それは、EU域内での自由な貿易と農業保護を両立させ、バランスのとれた域内経済を構築するためであった。

日本的な発想からすれば、ドイツのほか、フランスやイタリア、イギリスなどが工業生産にはげみ、それ以外の国が軽工業や農業を分担すれば、より経済効率性が高いということになるであろう。

しかしながら、EUは、日本のような考え方をとらなかった。およそ国家たるものは、安全な食の自給、国民への提供が大前提だからである。

日本はといえば、農業を切り捨ててきたので、オリジナルカロリー計算での食料自給率は、図表3にみられるように、40%程度である。アメリカや中国から食料を輸入しているが、とても安全とはいえない少なからぬ食料が、国民に提供されている。

EUの共通農業政策のもとで農家所得が維持されてきたこともあって、ドイツの食料自給率は90%あまりある。庶民の生活に不可欠である安全な食料の安定的供給は、まさに国家に課せられた重大な使命なのである。

ドイツでは、農業保護というのは、安全な食料を合理的な価格で国民に提供するということはもちろんのことながら、最近では、地球環境の保全を促進するという考え方が前面に押し出されてきている。

このような農業保護と食の安全という観点から、ドイツの貿易構造は、中国などを経由する分をふくめて工業製品を輸出して、原材料や食料を輸入する日本とかなりちがっている。すなわち、ドイツは、完成品の輸出も多いが、輸入も多いのである。

図表3　各国の食料自給率

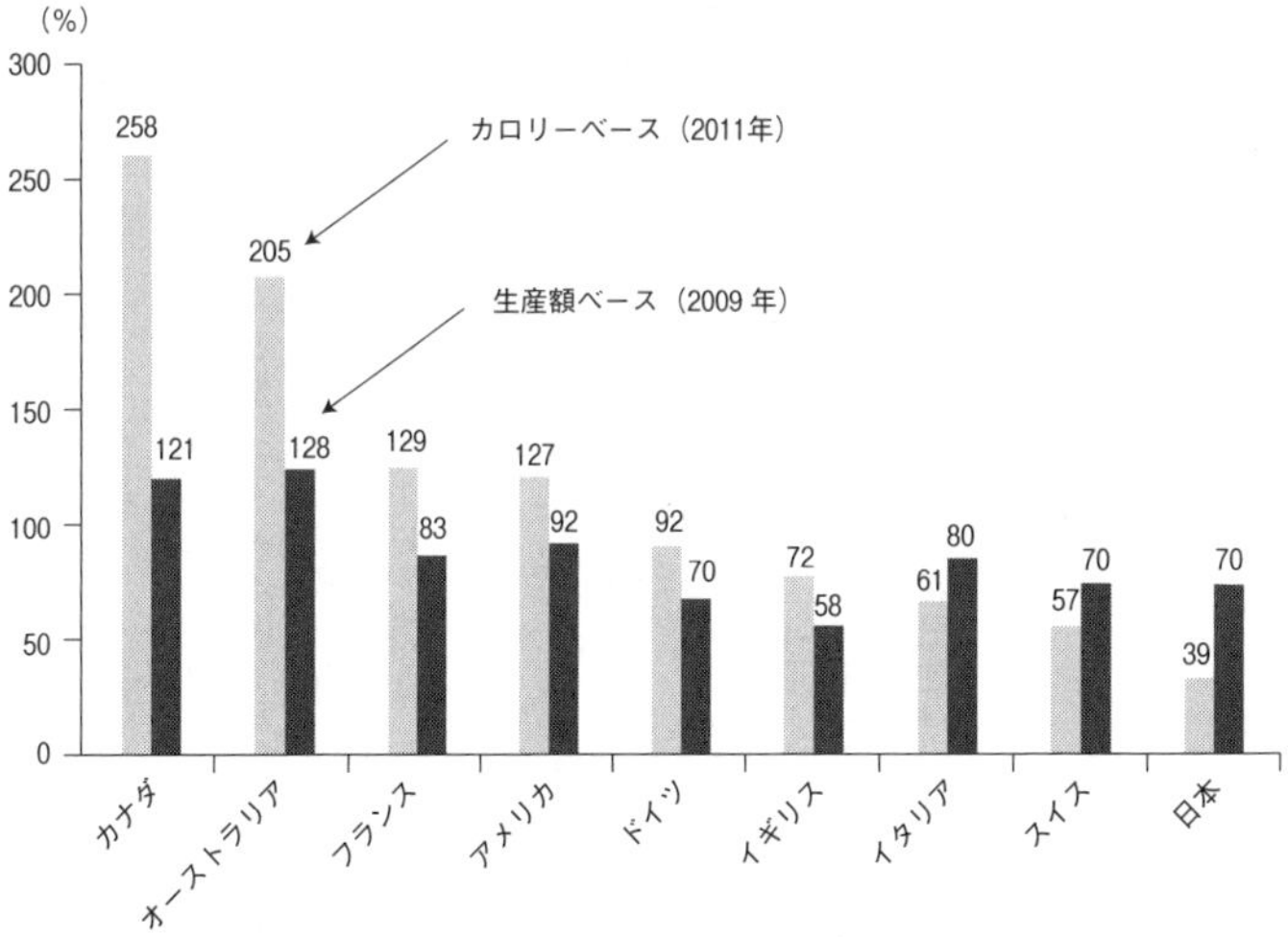

（注）
1. 数値は暦年（日本は年度）。スイスのデータ、イギリスの生産額ベース、韓国のカロリーベースについては、各政府の公表値を掲載。
2. 生産額のベースの試算における、各品目の国産単価及び輸入単価については、FAQ（国際連合食糧農業機関）の Price STAT 及び Trade STAT 等により算出。
3. 畜産物及び加工品については、輸入飼料・輸入原料を考慮。

（資料）農林水産省「食料需給表」、FAQ“Food Balance Sheets”等を基に農林水産省で試算（アルコール類等は含まない）。

（出所）農林水産省

ユーロを導入するとか、ユーロに連動する通貨の多いヨーロッパでは、その内部での貿易が三分の二をしめ、対アメリカとの貿易は10%以下である。

ということは、日本とくらべると、為替相場に左右される度合いが、はるかに小さいということである。

金融システムの規制

ドイツは日本のように、金融システムをアメリカにさらけ出して、アメリカ金融資本に傍若無人な金儲けをゆるすようなことはあまりない。

もちろん、ドイツでは、数

次にわたる証券市場の自由化がおこなわれた。だが、それは、あくまで投資銀行業務の分野で競争原理を働かせようとするものであって、爪に火を灯すようにして貯めた庶民の預貯金をリスク資産に投入させようとするものではない。

庶民のための金融機関である貯蓄銀行の民営化などはしないし、民営化の成功例として取り上げられるドイツ郵貯も公的性格を有している。

というのは、全国での木目の細かい質の高い金融サービスの提供というのは、民間銀行にはできないからである。

大都市での営業と高額所得者を対象とする業務は儲けが多いが、地方で庶民を相手にする金融業務は、大銀行はやりたくない。したがって、ドイツでは、貯蓄銀行など公的金融機関によって民のできない金融サービスが提供されている。

ドイツでは、庶民向けの住宅ローンの供与は、いまでも公的金融機関が主流である。

庶民に良質な住宅に住んでもらうために、公的金融機関が庶民に有利で良質な住宅ローンを提供するというのは、じつは経済政策ではなく社会政策だからである。

（3） 環境保護運動の高揚

旧東ドイツの環境汚染

私は学生時代、社会主義というのは、労働者が搾取と収奪にあえぐ資本主義に代わる労働者にとっての天国であり、労働者の生命・健康・安全を手厚く保護し、地球環境も徹底的に保護するという、より高次の経済体制と教えられた。

ところが、現実に世界史に登場した「社会主義」国の多くは、残念ながらまったく逆であった。「社会主義」国を標榜した旧東ドイツは、大気・河川の汚染にも、産業廃棄物・有害物資の投棄にも、まったく頓着しなかった。

政治的自由が完全にうしなわれていたので、環境保護などを主張しようものなら、ただちに秘密警察につかまり監獄にいれられた。社会主義統一党（共産党）独裁政権のやり放題だったのである。

農業も生産性を上げるために、危険な化学肥料や農薬も平気でつかった。安全な有機農法などおこなうと、農業生産性は低くなってしまうからである。

貴重な西側の外貨は、西側の優秀な機械設備の購入にあてなければならなかったので、食料を輸入する余裕などあるはずもなかった。

化学肥料や農薬などをふんだんにつかえば、農業生産性は高まる。こうして、旧東ドイツの食料自給率は、その末期に１００％を達成した。

旧「社会主義」国はみなそうだったので、ルーマニアの独裁政権の大統領などは、自分たち家族の食べる分は、安全な作物を耕作しているスイスから毎日空輸させたという。

国民の生命・健康・安全を守るために存在するはずの国家の支配層が、国民には、そのことをまったく知らせずに危険な食料を食べさせて、自分たちだけ安全なものを食していた。こんな国家が歴史上から放逐されるのはとうぜんのことである。

戦後、旧東ドイツ国民は、「社会主義」国への選択を強制されたが、国民が自主的にえらんだわけではなかった。

その結果、労働災害が頻発し、空気や河川が汚れ、土壌や飲み水も汚染され、化学肥料や農薬漬けの食料を食べさせられたので、戦後わずか40年で旧西ドイツ国民よりも平均寿命が4年あまりも短くなったという。

環境保護運動の高まり

このように、旧「社会主義」国の環境破壊がすさまじいものだったので、1960年代から70年代になると北海で奇形の魚が発見されるようになった。

ドイツ南部のシュワルツバルト（黒い森）という大森林地帯の木の多くが、環境汚染による酸性雨で枯れてしまった。

そこで、多くの西ヨーロッパの市民は、美しい海や森林・河川を守れと立ち上がった。

ドイツなどでは、ゴミの分別回収はもちろん、ゴミを出さない（ゼロ・エミッション）ということが徹底している。企業の環境対策も徹底し、環境に配慮していない企業の製品を買うひとはまずいない。というより、店頭にならぶことがない。

エネルギーも技術的に未完成であるとともに、放射性廃棄物が累積する原子力発電は全廃をきめ、代替エネルギーの導入を積極的におこなっている。

太陽光発電や風力発電が普及し、現在では、なんとエネルギーの28・5％にたっする。

ドイツには、巨大都市がないので、日本のようなヒートアイランド現象はあまりないようである。

環境税が導入され、太陽光発電や風力発電の促進にもつかわれている。国土回復・環境保全の公共投資などもおこなわれている。

とくに、ゼロ・エミッションが積極的に推進されている。デパートの過剰包装などない。デパ地下（ドイツでは、上階が多いようだが）でもスーパーでも、買って帰ればゴミにしかならないトレーはあまりつかわないし、買い物袋もタダではくれない。

ゴミの分別回収は徹底しているが、まずゴミを出さないことを考えている。

ドイツでは、最近では、顧客が入れ物をもっていき、さまざまなものを量り売りで買っているという。

これは、かつて日本でもおこなわれていたことである。豆腐などは、入れ物をもって豆腐屋さんに買いにいったものである。日本でも、スーパーやお店屋さんでは、量り売りをおこなったほうがいい。

3　ドイツ経済の特徴

(1) 有給休暇と構造改革

6週間の有給休暇

ドイツでは、「連邦休暇法」によって、社員にたいして、最低24日間（土日をのぞく）の年次有給休暇を付与することが義務づけられている。

ところが、日本では信じられないことであるが、多くのドイツの会社では、これより6日間多い年間30日をあたえている。土日をふくめれば、つごう6週間の長期休暇である。

さらに、医師の診断書があれば、最長で6週間まで病欠がみとめられ、とうぜんのごとく、給料も支払われる。

だから、極端なばあい、12週間の長期連続有給休暇もとれないことはない。どういうわけか、有給休暇の前後に病気になるひとが多いようである。これは、やはりいきすぎであろう。

経済協力開発機構（ＯＥＣＤ）によれば、２０１２年の労働者ひとりあたりのドイツの生産性は５８・３ドル、日本は４０・１ドルである。もちろん、労働時間が短く、有給休暇が多いことと、ドイツの生産性が高いことに、因果関係があるかどうかわからない。

ただ、ドイツでは、労働時間が短いので、その間に、ドイツ人は、集中的に仕事をするという。だから、生産性が高いといわれている。おそらく、長期休暇を楽しみにして、仕事にがんばるということもあるのだろう。

長期の有給休暇があれば、家族などで長期滞在型のバカンスを楽しむこともできる。地方に滞在することになるだろうから、地方の活性化にもつながる。家族のきずなも強まるし、親父の権威も高まるかもしれない。

安倍政権が、もしも本気で強い経済を作り、地方創生というのであれば、連続4週間の有給休暇を従業員にあたえることを法制化すればいいだけのことである。もし、あたえなければ、罰則を科すし、休暇の金銭による買い上げも禁止すればいい。

ドイツ版経済構造改革

ゲアハルト・シュレーダー政権（当時）は、2003～05年の「ハルツ法」改革などによって、抜本的な経済構造改革をおこなった。

解雇がしにくいといわれたドイツでも雇用規制が緩和され、失業者の就業機会を高めるために、雇用保険改革などもおこなわれた。雇用保険が長期にもらえたことが、失業の減らない原因といわれてきた。はやく仕事を見つけるように制度がかえられた。

とくに、2004年1月には、新法を制定し、中小企業の従業員の解雇を容易にした。

年金支給年齢も引き上げられた。

非正規雇用も1990年代以降、増大してきている。現在では、全雇用者の約37％をしめるにいたっている。

ドイツが、欧州債務危機が勃発するなかで、好景気を謳歌してきたのは、こうしたかなり踏み込んだ経済構造改革によるものであるといわれている。労働コストを引き下げて、企業業績を引き上げようとする政策は、日本のばあいとおなじである。

他方で、南欧諸国などが経済構造改革、とりわけ労働改革を怠ってきたことが、欧州債務危機が深刻化した大きな要因のひとつであるともいわれている。

やはり、シュレーダー元首相は、辞任後につぎのようにのべている（熊谷徹「ドイツ中興の祖ゲアハルト・シュレーダー」日経BP社、2014年）。

「派遣社員は、正社員と同じ待遇を受けなくてはならない。派遣社員制度については、修正する必要がある。1時間あたり8・5ユーロの最低賃金を法制化すべきだ」

シュレーダー改革というのは、統計上の失業者の一部を、ワーキング・プアに移し替えただけのことにすぎない。

このように、ドイツでも経済・賃金格差が拡大してきており、社会的市場経済の理念がかなり後退してきている。ただ、そのおかげで、ギリシャ危機に端を発した欧州債務危機でも、ドイツ経済は強固で、ユーロ圏諸国に健全財政の構築を強制できたのである。

（2）中堅企業がドイツ経済の屋台骨

競争力のあるドイツの中堅企業

ドイツでは、Mittelstand（中堅企業）とよばれる中小企業が、国内生産高の半分以上をしめ、ドイツ経済をささえる屋台骨を構成している（田中伸世「ドイツの中小企業」『季刊　国際貿易と投資』Autumn 2013/No.93）。

ドイツでは、全体の99％以上は中小企業であるが、２０１０年で国内総生産額の約52％、全ドイツ企業の売上高の約39％をしめている。12年に中小企業の総従業員の２４・７％が製造業で働いている。

２０１２年の世界でトップクラスのシェア（70％以上）を有する中小企業（かくれたチャンピオン企業とよばれる）は、ドイツが１３０７社であるが、二位のアメリカが３６６社、三位の日本が２２０社にすぎない。

ドイツの中小企業は、相対的に高い国際競争力をもっている。輸出額は、２０００年とくらべて10年に29・5％増加し、総輸出額の約19％をしめている。

ドイツ経済研究所によると、中小企業の54％が２００８～１０年の間に、ひとつの製品または生産プロセスで技術革新をマーケットにもたらした。ＥＵ平均では、34％にすぎなかった。

それは、２００４～１０年に中小企業の研究開発費が約71％増加したからである。ちなみに、同期間の大銀行の支出増は19％にすぎなかった。

　このように、ドイツ経済の屋台骨をささえているのが、ドイツの中堅企業なのである。

中小企業問題をかかえる日本

日本では、かなりの中小企業が、大企業の下請け会社となっている。

　自動車のような組み立て産業であれば、優秀な下請け企業を傘下にかかえることで、高性能の自動車を生産できる。日本の自動車企業などが、高い国際競争力を有していたのは、そのためでもある。

　しかしながら、高度経済成長が終結し、欧米のマーケットに進出するようになると、円高が高進し、自動車企業も国際競争力をうしないかけたことがあった。

　とうぜんのことながら、血のにじむような経営の合理化やロボットの採用などで生産性の向上をはかったが、それでも対応できなかった。

　それをささえたのが、輸出大企業の下請け中小企業であって、徹底的なコスト削減に協力した。下請けは、親会社さえ利益があがっていれば、仕事をうしなうことはなかったからである。

　そのため、いいモノは作るものの、あらゆる企業に売っていくということをしてこなかった。

だから、円高が高進すると中小企業の経営は悪化していった、
　日本では、中小企業がかなり保護されている。大企業とくらべて競争力が低いのでしかたがないのかもしれない。とはいえ、平成大不況のなかで、世界に通用するような、技術力と国際競争

力のある中小企業が登場してきたことも事実である。

日本経済を本格的に復活させるカギのひとつは、ドイツのような中堅企業がどんどん出てくるような政策を実行することである。

もうひとつは、輸出大企業の下請け中小企業は、親会社だけに依存するのではなく、製品を世界に売り込んでいくという気概が不可欠であろう。そのことによって、日本独特の中小企業問題が解決されることになる。

（3）第四次産業革命の進展

ドイツの第四次産業革命

現在、ドイツでは、産業革命、重化学工業化、ＩＴ革命につづく第四次産業革命が進行しているといわれている（「日経ビジネス」２０１５年1月5日）。

第四次産業革命というのは、業種や会社の枠をこえて、工場同士、または工場と消費者などをインターネットでつなぐＩＯＴ（Internet of Things—モノのインターネット）というものである。

ここでは、工場の生産装置やラインを流れる部品、湿度や気温を測定するセンサーなど、ありとあらゆるモノがインターネットに接続される。

機械同士が「会話」して、人手をとおさずにラインを組み替え、在庫におうじて生産量を自動で調整する。部品メーカーから組み立て工場、物流から販売会社まで、さまざまな現場が結び付いて一体化していく。

これは、たんなる生産の効率化や省人化ではない。そこでやりとりされる情報のスピードや量が、人手のばあいとくらべると数百・数千倍にもなる。

そして、つぎのように、三つのあたらしい変革がすすんでいく。

第一に、単一商品の大量生産時代が徐々に終焉にむかうことである。消費者のニーズをリアルタイムで工場につたえ、それにおうじて、ラインの組み替えが低コストで、瞬時にできるようになれば、カスタムメードを大量生産する時代に突入することになる。

第二に、モノ作りの付加価値が金属などの加工から、自動運転制御などソフトウエアやシステムに移行するのにともなって、製品の改善方法が激変していくことである。インターネットなどであつめた消費者ニーズをもとに、ソフトをアップデートしモノを進化させる。車や工作機械にもネット経由で即座に新機能を追加することができる。

第三に、このふたつの変革で主導権をにぎれるかどうかで、国家の盛衰がきまる。主として、第一の変革はドイツで、第二の変革はアメリカですすんでいる。

ドイツの産官学は、2011年から第四次産業革命というスローガンのもとに、政府が資金を出し、数百の企業や大学が連繫して、規格作りや技術開発をすすめている。

IOTを核にして、ドイツが誇るロボットや3Dプリンターなどの生産技術を、会社の内外でつなぎあわせることで、大量生産とさほどかわらないコストでオーダーメードの製品を作る「マスカスタマイゼーション（個別大量生産）」の実現をめざしている。

日本のモノ作りのノウハウ

IOTの先頭を走っているのがドイツとアメリカである。モノづくりでは日本の後塵を排してきたドイツが、製造業立国として、生き延びていくために、官民あげて推進しているからである。

アメリカは、国際競争力の低い製造業を得意のインターネットと結び付けることで、日独製造業と競争できるようにするためである。もしも成功すれば、アメリカのIT（情報技術）企業が、日本の製造業企業を下請けとしてつかうことも可能となるからである。

日本は、この分野で出おくれていることは否めない。そうだとすれば、日本は、これからも製造業立国生き伸びていくことはむずかしいかもしれない。そのため、経済産業省もようやく動き始めている。

ここで、重要なことは、日本の製造業が蓄積してきたいいモノ作りのノウハウは、これからも十分に通用するということである。いくら製造業をインターネットでつなごうが、かんじんのモノ作りの質が低ければ、なんの意味もないということである。

日本企業は、ひたすら「芸術的」ともいえる高品質・高性能・高機能・安全なモノ作りに専念してきた。

日本の製造業は、いままでの三段階の産業革命で欧米諸国に決定的におくれをとった。第一次にはドイツに50年あまりもおくれたが、２０１０年から開始されたといわれる第四次産業革命では日本は、わずか5年のおくれにすぎない。誤差のうちである。

ただし、インターネットが全面的に駆使されるのがＩＯＴなので、もしもサイバー攻撃にさらされたばあい、最悪のケースでは、経済システムが崩壊する可能性もあることに留意し、十分なうえにも十分な対応をしていかなければならない。

ＩＯＴの構築に成功すれば、脱資本主義の先頭に立つことができる。これぞまさに、製造業立国日本の本領発揮である。

4　健全財政の実現

(1)　ＥＵの「財政協定」

財政規律強化の新条約

ユーロが米ドルと張り合うような国際通貨になるためには、最終的な政治統合、すなわち欧州連邦の結成が不可欠である。もちろん、欧州連邦など、国家主権の委譲に強硬に反対してきたイギリスが欧州連合（ＥＵ）に加盟している現状では不可能である。

したがって、ユーロ防衛の切り札は、かぎりなく政治統合に接近することである。

財政規律強化を条約にまで引き上げようというのが、「財政規律強化のための新条約（「財政協定」とよばれる）」である。この協定は、ユーロの致命的欠陥であった通貨主権と財政主権の乖離をかなり克服しようとする画期的なものである。

そこで、2011年12月のEU首脳会議で、財政規律強化のための「リスボン条約」の改正が提起された。ところが、国家主権の委譲をとことんきらうイギリスが大反対し、条約改正は不可能であった。

そこで、イギリスを除外した新条約が締結されることになった。新条約には、イギリスと「憲法」上の理由でチェコをのぞくEU諸国が参加することになった。

「財政協定」の概要は、

①過剰な財政赤字をかかえる加盟国への自動的な制裁、

②財政赤字ゼロの均衡財政の達成と維持を義務づけて、「憲法」などで法制化、

③加盟国は、自国の議会に予算案を提出するよりも前にEUにそれを提出する、

などである。

このように、イギリスとチェコをのぞくヨーロッパ大陸諸国は、健全財政の実現によるユーロ防衛に大きく舵を切ることになった。

通貨統合や政治統合に頑として反対してきたイギリスが除外されれば、ヨーロッパ大陸諸国は、財政規律の徹底に突きすすむこともできるし、欧州共同債も発行することができるであろう。

新条約はEU基本条約違反か

この協定を批准すると「憲法」などに債務制限を規定しなければならなくなる。そうなると、債務の拡大は「憲法」違反になる。しかも、財務相理事会や欧州委員会が、財政赤字削減や予算の組み替えなどに強制力を有することになる。

この協定は、国家主権のうち財政主権のかなりの部分を超国家機関に事実上委譲するというものである。

財政規律の強化は、本来は、EUの基本条約である「リスボン条約」の改正でなされなければならない。もちろん、EU首脳会議で、国家主権の委譲をとことん排除するイギリスが猛反対した。

そこで、ドイツやフランスなどは、基本条約の改正を断念し、イギリスとチェコをのぞくEU諸国であらたな条約を締結することになった。

ところが、EUの枠外の条約の遂行にかんして、欧州委員会などのEU機関を利用するのは、「リスボン条約」違反であるとして、イギリスがEU司法裁判所に提訴する可能性があった。

そこで、違反かどうかは、司法にゆだねるしかないものの、「リスボン条約」の改正という方向にすすむかもしれないといわれた。

通貨統合のときには、通貨統合条約である「マーストリヒト条約」のイギリスの批准にあたって、通貨統合の参加条件をクリアしてもユーロを導入しない権利（オプトアウト条項という）をイギリスにみとめたからである。

「財政協定」の条項は、イギリスと「憲法」上の理由からチェコには適用されない。とはいえ、そもそもユーロ防衛のために「財政協定」を締結しようとするのであるから、ユーロを導入していないイギリスがこの協定に参加しなくても、差し支えない。この協定は、ヨーロッパ諸国の健全財政のためにどうしても実現しなければならないものであった。

財政規律の強化

「財政協定」とよばれる「経済通貨同盟（ＥＭＵ）における安定、協調、統治に関する条約」が、２０１２年3月にイギリスとチェコをのぞくＥＵに加盟する25カ国で調印された。

この協定は、ユーロ圏（ユーロ導入国）諸国の財政規律を強化するとともに、その監視を強めるための政府間条約であり、各国に厳格な財政均衡ルールの導入をもとめている。協定では、ユーロ圏諸国の最低12カ国の批准が必要という条件が課せられていたが、この条件をクリアしたことで、２０１３年1月1日に発効した。

ユーロ圏加盟各国は、単年の財政赤字がＧＤＰ比で０・５％を超えないという財政均衡義務を２０１４年1月1日までに、各国の国内法で、可能であれば「憲法」でさだめなければならないとされた。財政均衡ルールに違反したばあいには、是正メカニズムが発動され、当該国に制裁が科せられる。

こうして、ユーロ圏諸国が徹底した財政規律を確立すれば、ユーロは、より強固なものになることはまちがいない。

こうして、重債務国も、緊縮財政努力によって財政再建がすすみ、とりあえずマーケットで国債発行による資金調達が再開できるようになってきた。

２０１４年３月にアイルランドが３年半ぶりに、４月には、ポルトガルとギリシャが国債の入札をおこなって、マーケットから資金を調達できた。

重債務国は、ユーロ残留を選択するかぎり、経済成長を捨てても財政再建を優先せざるをえなかった。そのため、マーケットで資金を調達できるようになるまで、ＥＵや欧州中央銀行（ＥＣＢ）やＩＭＦから金融支援をうけてきた。

ここに、欧州債務危機と日本の財政危機との根本的なちがいがある。

国債消化のほとんどを外国に依存していれば、日本のように政府債務残高のＧＤＰ比２３０％あまりまでは、とうてい借金はできない。ヨーロッパのように、財政赤字増大にマーケットから歯止めがかかるからである。

財政赤字が膨れ上がると経済成長が止まるという実証研究そのままに推移しているのが、日本の「失われた20年（30年に突入か？）」であったが、ヨーロッパ諸国は、この「日本化」を回避すべく、マーケットに強制されてすさまじい財政赤字削減に取り組んできた。

ギリシャ危機の再燃

緊縮財政をつづけ、せっかくマーケットで資金調達できるようになったのに、ギリシャでは、２０１５年１月に総選挙がおこなわれ、反緊縮財政派が勝利した。国民の節約疲れと苦しい生活にたいする不満が頂点にたっした結果であった。

２０１５年2月にＥＵはユーロ圏財務相会合で、ギリシャへの金融支援の4ヶ月の延長で合意した。総選挙間もないからであった。

ところが、期限の6月末がせまるにつれて、財務相会合、首脳会議が開催されたが、ギリシャ側は、ＥＵ側を説得できるような緊縮財政策を提示しなかった。

というより、ギリシャの新政権は、緊縮財政に反対して財政健全化を実行しようとしなかったのである。

そして、6月末にギリシャのチプラス首相は、7月5日にＥＵ側からのきびしい緊縮財政受け入れの賛否を問う国民投票をおこなうということを突如として提起した。

6月27日に開催されたユーロ圏財務相会合は、ギリシャ側が抜本的な緊縮財政策を提起しなかったので、金融支援の打ち切りを決定した。

こうして、期限とされていた6月末までにＩＭＦへの資金の返済ができなくなった。２００９年10月にギリシャ危機が勃発して以来、はじめて事実上の「債務不履行（デフォルト）」におちいった。ただし、ＩＭＦは民間機関ではないので正確には「返済の延期」である。

国民投票の結果は、ＥＵには残留を希望するが、これ以上の緊縮財政策に反対するという票がなんと６１・３１％に達した。

ドイツは、金融支援と引き換えにギリシャにきびしい緊縮財政をもとめたが、ドイツがギリシャを見捨てれば、ギリシャ国債が文字どおりデフォルトし、ユーロ崩壊の危機をむかえる。ギリシャがユーロから離脱するとすさまじいインフレにみまわれる。

そのため、ギリシャが緊縮をつづけることを前提に、EUなどから金融支援をうけることになり、何度目かのユーロ崩壊の危機がとりあえず回避された。

ここで、ギリシャをふくめてヨーロッパ諸国は、ドイツのいうことを聞かざるをえないことを思い知らされた。

ギリシャ危機をきっかけとして欧州債務危機が勃発すると、ドイツは、ユーロ圏のみならず、ヨーロッパにおいて、経済支配による「政治支配」が可能となり、いまや21世紀型のドイツ〝帝国〟のようである。

(2) 財政均衡のドイツ

景気を捨てたドイツ

世界経済・金融危機への対応で、ドイツの財政赤字のGDP比も急上昇した。

欧米の資産(住宅)バブル期の景気絶頂期であった2007年には0・25%の黒字、赤字は08年に0・1%であったが、09年に3・2%、10年に4・3%と跳ね上がった。

政府債務残高のGDP比も、2008年の66・7%から10年に83・2%まで一気に上昇した。

財政赤字のさらなる増加を食い止めるために、2009年にドイツでは、「基本法(憲法)」改正がおこなわれて、「債務ブレーキ制度」が導入された。この制度は、赤字国債などの借り入れをゼロにするという財政健全化策である。

連邦政府レベルでは、財政健全化策によって、2011年度から財政赤字を段階的に減らし、16年度から政府の単年度の対新規債務額をGDP比で0・35%以下におさえることが義務づけられた。

州政府レベルでは、2020年度から新規債務が禁止されることになった。

この「債務ブレーキ」にたいしては、とうぜんのことながら、債務の削減に貢献するものの、「成長ブレーキ」にもなるとの批判が多い。「債務ブレーキ＝成長ブレーキ」というわけである。

しかしながら、ドイツ政府は、経済成長を犠牲にしても、政府債務と財政赤字の削減に突きすすんできた。

事実、2010年に政府は、財政赤字削減計画を公表した。たとえば、軍事基地の閉鎖や人件費削減をふくむ軍事予算の削減や航空税の導入でさらなる債務の増加をおさえ、14年までに、歳出を800億ユーロあまり削減されることになった。

ドイツのメルケル首相とフランスの当時のサルコジ大統領は、2011年8月におこなった会談で、ユーロ圏諸国にたいして、財政赤字の拡大をふせぎ、財政均衡を義務化することを「憲法」などで規定することを提起した。「財政協定」がそれである。

この提起などをうけて、ドイツをはじめとして、各国で「憲法」で債務制限を規定するようになってきている。

ドイツでは、「基本法」109条3項と115条2項において、連邦およびラントの予算は、原則として信用調達の収入によることなく、収支を均衡させなければならない、と規定された。

財政赤字ゼロへ

2014年7月2日に閣議決定した15年予算案では、1969年以来、46年ぶりに赤字国債を発行しなかった。借金をしなくても予算を組むことができたのである。ドイツは、なんと2015年に財政均衡を実現した。

閣議の提出された2016～18年の中期財政計画でも、財政均衡がつづくというシナリオがえがかれた。政府債務残高の国内総生産（GDP）比は、80％から17年には、70％を割り込むまで低下する。

ドイツが財政再建に成功した要因のひとつは、この間のドイツの好景気である。しかも、ドイツ企業は、グローバル化に成功して輸出が好調で、上場企業の利益水準は、この20年間で6倍にも膨れ上がっている。輸出好調は、ユーロ安だけではないのである。

10％を超えていた失業率は5％とユーロ圏で最低水準まで低下した。もちろん、雇用増の大部分は非正規雇用であって、ここに大問題がある。

ドイツ政府は、雇用増と賃金上昇で所得税収が増加し、2018年までに税収は16％も増加すると見込んでいる。

欧州中央銀行（ECB）が低金利政策で景気のテコいれをおこなってきたが、欧州債務危機の

図表4　財政収支の国際比較（対GDP比）

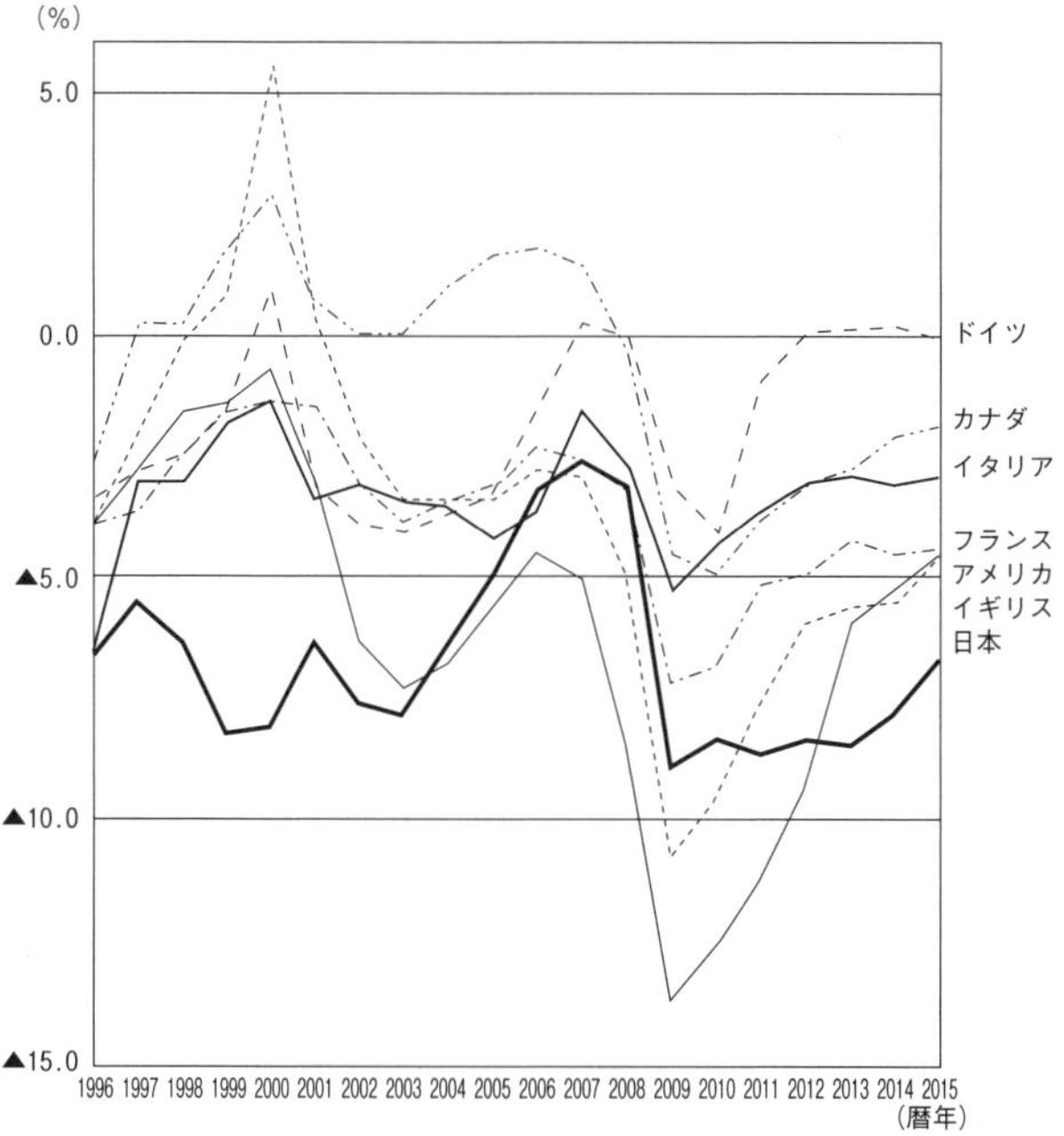

（出所）財務省

なかで、ドイツ国債が買われ、長期金利が低下した。そのため、総額で1000億ユーロ（約14兆円）もの利払い費を節約できたといわれている。

ドイツは、国際社会にたいして、侵略戦争を「真摯」に反省し、ヨーロッパの統合では、経済的利益の追求に徹してきた。統合は、ついにユーロの導入に結実した。

雌伏50年、ドイツは、ついに巨大単一通貨圏を手に入れることができた。ユーロ圏で巨額の利益を上げるとともに、ギリシャなどのおかげで労せずしてユーロ安となり、巨額の貿易黒字を手に入れている。
重債務国には、きびしい財政赤字削減をせまり、みずからは、着実に健全財政を構築しつつある。図表4にみられるように、巨額の財政赤字をかかえる日本とは、対象的である。

(3) 健全財政への反発

ギリシャの宴

ドイツの健全財政は、2015年6月末のギリシャの事実上のデフォルトにみられるように、ユーロ圏諸国、とりわけ南欧の重債務国の犠牲の上に実現したものだというはげしい批判がヨーロッパ諸国にまん延している。

そもそも、資産バブル期にギリシャなどで荒稼ぎしたのは、一方では、ドイツの製造業企業であった。

もう一方で、ユーロを導入したギリシャ国債は安全だとして、大量に購入したのは、ドイツをはじめとするフランスやイギリスの銀行にほかならなかった。銀行もリスクを考えずに、金儲けにはしったのである。

インフレに苦しみ続けてきたギリシャも、ユーロを導入すると国債発行金利が劇的に低下したこともあって、大量に発行した国債が即座に消化された。

ギリシャには、労せずして大量の資金が流入してきた。このこと自体がおかしなことなのである。あまりにもかんたんに資金がはいってくると、返済しなければならないということが忘れられてしまうようである。

調達資金は、本来は、たとえばインフラ整備をはじめとして、自国経済が成長するような使い方をしなければならない。そうしなければ、利子をつけて返済できないからである。

大量の流入資金が不動産に投入されると、1997年にタイの通貨危機の原因になったような不動産バブルにみまわれる。ところが、ギリシャでは、成長分野はもちろん、不動産にすら投入されず、もっぱら政権与党のあいだで山分けされた。

たとえば、総選挙で政権奪取をねらう野党は、政権の座についたら公務員の縁故採用などを約束するとか、年金の増額など大盤振る舞いをかかげた。

大量の資金がドイツやフランスやイギリスの銀行から流入するので、政権を奪取したあかつきには、ほんとうに大盤振る舞いができた。こうして、空前の好景気がおとずれた。

ここで、ベンツとかＢＭＷなどをはじめドイツ製品が大量に売れた。ドイツ企業は、ギリシャでボロ儲けしたのである。

ドイツへの怨嗟の声

一瞬の「宴」が終わると、借りた金は返さなければならない、という現実がギリシャに突き付けられた。ギリシャ危機の勃発である。

飲み食いしてしまったので、返す金がない。あらたに借りて返すしかない。貸し手は、ＥＵや

ＥＣＢやＩＭＦなどであっても、ＩＭＦをのぞけば、その元締めはドイツである。住宅バブルでぼろ儲けしたドイツが、今度は、金融支援をしてやるから、年金カット、増税などの緊縮財政を突き付けた。

ギリシャは、ＥＵからもユーロからも抜けたくない。ＥＵから経済援助がえられるし、ユーロをつかうことで多くの便益を享受しているからである。

だから、２０１０年5月からはじまったＥＵ・ＥＣＢ・ＩＭＦ（三つの機関なのでトロイカとよばれる）からの金融支援の前提条件である緊縮財政を少しずつ実施してきた。

そのおかげで、景気は後退したものの、効果が出てきていた。２０１４年4月には、ギリシャは、国債をマーケットで発行できるまでになった。

ところが、ギリシャ国民の我慢も限界にたっしたのだろう。

ナチス・ドイツにギリシャの財宝を大量に収奪されたのに、ドイツは、返そうともしない。それを返却させれば、財政再建ができる、というのがギリシャ国民の言い分である。

ギリシャ政府の推計では、ドイツに請求できる賠償額は、じつに約２７８７億ユーロ（約36兆円）にのぼるという。そのなかには、ナチスがギリシャ中央銀行から強制的に借りた約１１０億ユーロ（約1兆５５００億円）もふくまれている。

ところが、西ドイツが１９６０年に締結した協定で、約１００億円の補償で「賠償問題は解決ずみ」として、ドイツ政府は、取り合おうともしていない。

賠償の支払いをせよとか、住宅バブル期にぼろ儲けしたドイツ企業に、資金を出させろとか、ギリシャ国債を大量に購入したドイツやフランスやイギリスの銀行に責任をとらせろとか、という不満が爆発したのは、とうぜんのことである。

さらに、ドイツが事実上支配するＥＣＢが、ギリシャ国債を引き受けているが、膨大な利子収入がある。この収入を返せということまでいわれている。

さすがに、ギリシャ危機のなかで、銀行などの投資家の貸し手責任が問われ、元本の7割から8割くらいのヘアカット（一部減免）がおこなわれた。

5年にもわたる節約疲れで、ついにドイツなどに反旗をひるがえす怨嗟の声がギリシャ中に燎原の火のごとく広がっていった。それは、国民投票の結果にあらわれた。

こうしたなかで、2015年9月、ドイツの自動車会社フォルクスワーゲン（ＶＷ）は、排ガス試験をめぐり不正をはたらいていたことがあきらかになり、ドイツのモノ作りにたいする不信が世界中に広がった。

第 4 章

戦争責任とドイツ連邦軍

1　ヒトラーの政権奪取

（1）日本の政治家の意識

ナチスの手口

麻生太郎副総理は、2013年9月に東京都内で開催されたセミナーで、ビックリするような発言をした。曰く、

「ヒトラーは、民主主義により、きちんとした議会で多数を握って出てきた」、「ワイマール憲法は、いつの間にかナチス憲法に変わっていた。だれも気が付かない間に変わった。あの手口を学んだらどうか」と。

この発言は、ちょうど、安倍首相が「憲法」の改正というのはかなりむずかしいので、第96条（衆参両院の三分の二以上による発議）をかえて、国会発議の要件を緩和すると言い出したころのことである。

ところが、「憲法」というのは、政府の行動をしばるものなのに、しばられる側の政府がしばる「憲法」をかんたんにかえられるようにするのは、立憲主義に反するという批判が、改憲派の学者からも出された。

だから、この発言は、「憲法」改正がなかなかできないのであれば、ヒトラーのようにドサク

サにまぎれてかえるしかない、というものであろう。そうすれば、「憲法」に手を付けずにかえられるという、なんともお粗末きわまりない発言である。

この発言は、その後、安倍政権が現行「憲法」下でも集団的自衛権の行使が可能と解釈を変更したことにつうじるものなのかもしれない。

ただ、安倍政権の誤算は、集団的自衛権の行使を「憲法」改正ではなく、解釈の変更で可能とするのであれば、ドサクサにまぎれて事実上の「改憲」ができるとふんだのに、大多数の国民が反対で、若者もふくめて、はげしい抗議行動に遭遇したことである。

この麻生発言は、まったく世界史の常識を知らないばかりか、歴史認識にも根本的な誤りがある。

歴史認識の欠如

「ワイマール憲法」というのは、第一次世界大戦の敗戦のなかでドイツ革命が勃発し、その結果、史上まれにみる民主的な「憲法」として、1919年8月11日に制定されたものである。

この「憲法」の特徴は、完全比例代表制、国民投票などの直接民主制を採用していたことにあった。

完全比例代表制を採用すると、小選挙区制とちがって、数パーセントの得票でも議席を獲得することができる。

国民の声や意見を正確に反映させるというかぎりでは、きわめてすぐれた制度である。いわゆる「死に票」があまり出ないからである。その反面で、小さな政党でも議会に議席を獲得することができるので、小党乱立ということになりかねない。ヒトラーは、この制度を悪用した。ここで、この「ワイマール憲法」がどのように形骸化していったかをみてみよう。

（2）「ワイマール憲法」の形骸化

ヒトラーの政権奪取

「ワイマール憲法」の完全比例代表制のおかげで、得票率が低くても、ヒトラー率いるナチス（Nazis—国家社会主義ドイツ労働者党）は、国会に議席を獲得することができた。そうするうちに、ヒトラーは、たくみな演説で、世界大恐慌のもとで失業や生活苦にあえぐ国民の支持をあつめていった。

かくして、ナチスは、1932年7月の総選挙で得票率37％を獲得して第一党となり、ついに33年1月には、大統領によってヒトラーが首相に任命された。

ナチスが議会で過半数の議席をしめたわけでなかったが、大統領が首相の指名権を有していたからである。大統領がヒトラーを首相に指名さえしなければ、世界史の悲劇はおこらなかったかもしれない。

ヒトラーは、首相に指名されるや、ただちに、国会を解散し、1933年3月に総選挙がおこなわれることになった。

ちょうど総選挙直前に国会放火事件がおこると共産党員が犯人だとして、共産党員を大量に逮捕するとともに、反対派を弾圧した。ただ、これは完全なでっち上げだったようである。私が大学院時代にきいたドイツ史の高名な研究者の講義によれば、変質者のしわざだったようである。それをヒトラーがたくみに利用したというのが真相かもしれない。

党員の大量逮捕で、共産党は、総選挙で議席を大幅に減らした。それでも、この総選挙でのナチスの得票率は43％にすぎなかった。完全比例代表制なので、本来であれば、得票率が50％超でなければ、政権を担えないはずである。

ナチスは、過半数にとどかなかったので、今度は、なんと当選した共産党議員の議席まで剥奪してしまった。こうして、ヒトラーは、ついに５６６議席のうち、過半数すれすれではあるが２８８議席を獲得することができた。

「憲法」を踏みにじる「全権委任法」

さっそく、ヒトラーは、立法権、予算の編成・執行権などを国会から政府に移す「全権委任法案」を提出した。

この法案というのは、事実上の「憲法」の修正案だったので、通常の法案とちがって、議会をとおすためには、全国会議員の三分の二以上の出席のもとで、三分の二以上の賛成が必要であった。

ところがナチスは過半数すれすれの議席しかなかった。そこで、共産党議員だけではあきたらず、ナチスに反対する社会民主党議員までも逮捕して、なんと三分の二以上の賛成議席を確保してしまった。

まれにみる民主主義的な「憲法」のもとで、このような無茶苦茶なことが可能だったのは、「ワイマール憲法」48条に国家緊急事態条項が規定されていたからである。

もちろん、同規定では、国家の緊急事態にあたって、制限されるのは、言論、出版、集会など七つの権利とさだめられていた。ところが、ヒトラーは、国家の非常事態だとして、この条項により制限できる権利をどんどん拡大して、悪用したのである。

この深刻な教訓から、国家緊急事態条項の制定と運用というのは、慎重のうえにも慎重におこなわなければならない。ドイツが「基本法（憲法）」で国家緊急事態条項について、さまざまな歯止めをかけているのはそのためである。

ヒトラーは、いつの間にか、などではなく、ドイツ全体が騒然とするなかで、「ワイマール憲法」を形骸化させる「全権委任法」を強引に成立させた。けっして、「ワイマール憲法は、いつの間にかナチス憲法にかわっていた」というものではない。

2　日本とドイツの戦争責任

（1）日本の戦争責任の取り方

アメリカの戦後政策

日本はもちろん、ドイツも、戦前、きわめて侵略的な資本主義として「経済成長」し、その帰結は侵略戦争であった。

そのため、アメリカ政府内にドイツを戦争しない平和的な国家にするために、武器をもたせなければいいという発想があった。実際、第二次大戦中に「モーゲンソー・プラン」が策定された。

このプランは、ドイツ農業国化政策とよばれ、重化学工業をなくして、農業だけにすれば、戦争することができなくなるというものであった。鉄鋼も機械も製造できなければ、武器を製造できなくなるからである。

太平洋戦争末期の日本のように、竹やりでは戦争にならない。ある新聞記者が「竹やりでは間に合わぬ」という記事を書いて、軍部の怒りをかい、最前線に送り込まれた。まっとうな正論をはいて、懲罰徴兵となる狂気の時代のなせるワザであった。

このドイツ農業国化政策は、攻め込んだソ連からヒトラーが敗走し、東欧がファシズムから解放され、「社会主義」化される気配がみられると、ただちに放棄された。

日本にたいしては、1949年に中国革命が勃発するまでは、軍国主義を一掃して、民主主義国に作り変えようとした。したがって、農業国化政策などではなく、「憲法」で戦争そのものを放棄させようということになったのかもしれない。

こうして、世界史のうえではじめて「平和国家」が出現することになった。連合国最高司令部（GHQ）のなかでも、アメリカのニューディール派といわれる「社会民主主義的」なリベラル派が日本の民主化に取り組んだからであろう。

こうして、「好戦的」とならざるをえなかった戦前日本を、平和で民主主義的な国に作り変えるために、さまざまな措置がとられた。

戦争責任・戦後責任、過去の克服とは

ドイツでは、過去の克服というのは、「過去を内面的に十分に理解して自分のものにする」と定義され、「信頼の醸成、反省」から「補償・賠償」など精神・物質の両面にわたる広範囲のけっして一回きりでない営み、とされている（「朝日新聞」1992年8月12日）。

私は、侵略戦争（平和にたいする罪）や戦争犯罪や人道にたいする罪を真摯に反省するのが戦争責任、その反省を具体化することが戦後責任であり、そのことによって二度と侵略戦争をしない国にするというのが過去の克服であるとかんがえている。

よって、戦争責任というのは、過去の克服によってしかとることはできないということにな

る。

日本の過去の克服

戦争放棄・主権在民・基本的人権をうたった「日本国憲法」が、1946年11月3日に制定された。

侵略戦争を二度とおこなわず、集団的自衛権を放棄するという「憲法」9条は、戦争責任・戦後責任を軍事的な側面からとるというものだったということができる。

すなわち、「憲法」9条は、自国を守るという自然権としての個別自衛権を否定していないが、自国が攻撃されていないのに、同盟国などを守るために戦争するという、いわゆる集団的自衛権は禁止している。

集団的自衛権をみとめれば、他国の戦争に参加するだけでなく、自衛の名のもとに侵略戦争が可能となり、過去の克服ができなくなってしまう。ということは、とりもなおさず、日本が戦争責任・戦後責任をとることを放棄したということになる。

アメリカのベトナム戦争などは、集団的自衛権の名のもとにおこなわれた侵略そのものであり、ここに日本も参戦させられたはずだからである。

イラク侵攻もアメリカの自衛戦争といわれ、イギリスは、集団的自衛権を行使して参戦した。IS（イスラム国）の台頭など、その帰結は悲惨である。

日本ではじつは、過去の克服のために、侵略戦争の放棄のほか、さらなる措置がとられた。財閥解体と農地解放がそれである。

「経済侵略」を反省し、軍部とならんで軍国主義の「権力主体」であった財閥と寄生地主を解体しなければ、戦争責任・戦後責任をとることは完結しないからである。

そこで、「経済侵略」の尖兵とみられた財閥を解体し、その復活をゆるさないために、1947年に「独占禁止法」9条が制定され、財閥本社の会社形態である純粋持株会社の設立が禁止された。

1997年に50年ぶりに純粋持株会社の設立が解禁された。もちろん全面的に解禁されたわけではなく、財閥本社のようなものが復活するようにはなっていない。

日本郵政を例外として、金融機関と事業会社が同一の純粋持株会社の傘下にはいることが依然として禁止されているからである。この分野での過去の克服は一貫しているといえよう。

さらに、大地主（寄生地主）からタダ同然で土地を取り上げて、小作人に二束三文で売りわたす農地解放が断行された。タダで取り上げると、財産権の侵害で「明治憲法」といえども違反するものだったからであろう。

こうして、戦前日本の軍事的半封建的な支配体制が根底から解体された。

侵略戦争を放棄し、大地主を放逐し、財閥復活をゆるさない、集団的自衛権も行使しない、これこそが、日本の戦争責任・戦後責任の確固たる取り方であり、真摯な過去の克服にほかならなかった。

このことを日本人は、誇りとすべきなのである。専守防衛を「憲法」に明記する国など先進国では皆無だからである。

（2）ドイツのホロコーストへの謝罪

日独の謝罪のしかた

日本では、一般に、戦後の旧西ドイツ（ドイツ連邦共和国）は、戦争犯罪にたいしてはもちろん、ヨーロッパ諸国・旧ソ連・アフリカ諸国への侵略、ホロコースト（ユダヤ人の大虐殺）という人道にたいする罪にきっちりと謝罪して戦争責任をとり、戦後補償も十分におこなうことで戦後責任もはたし、真摯に過去の克服をしてきたといわれることが多い。

戦後責任をはたすため、ドイツは「基本法（憲法）」でナチスの復活を禁止した。ただし、ドサクサにまぎれて共産党も禁止したことは大問題であるが。

実際にそうとばかりもいえないが、ナチスの人道にたいする罪を否定するとか、侵略戦争を肯定するような発言をする政治家は皆無であるといわれている。

学校の教科書では、戦後の初期をのぞいて、ナチスによるホロコーストについて、かなりのスペースをとって教えてきている。

したがって、ドイツという国は、戦争責任・戦後責任をはたし、みごとに過去の克服をおこなった「立派」な国だといわれることが多い。

それにひきかえ、日本は、侵略戦争への謝罪が不十分であり、侵略戦争を肯定するばかりか、南京大虐殺などはなかったとか、アジア諸国の多くは、日本のおかげで欧米列強の植民地支配から離脱できたではないか、と公言する政治家があとをたたない。

もちろん、日本のおかげで、中国や韓国などをのぞくアジア諸国の多くが、欧米列強の植民地支配から離脱し、独立したことも事実であるが、日本は、ドイツとくらべて、戦争責任もとれず、戦後責任をはたすことによる過去の克服もできない、どうしようもない国だといわれることが多い。

日本では、学校教育で歴史教科書がいつも問題になっている。侵略戦争を強調すると文部科学省の検定がパスしづらくなるようである。

ドイツであれば、１９６０年代になってから、ナチスによるホロコーストという歴史の事実を教えるようになってきた。ただ、そうしなければ、旧西ドイツが西ヨーロッパで生きていけなかったからである。

ただし、戦後初期は、ナチスの非道に「匹敵」する「共産主義」国が登場したことで、しばらくは、ナチスのホロコーストについては不問に付されるような風潮があったようである。

日本では、侵略戦争に謝罪ばかりしてきた「自虐史観」を克服したとする「新しい歴史教科書」なるものが、かつて文部科学省の教科書検定をパスした。

育鵬社が出版する歴史と公民の教科書の使用も増えてきている。この教科書の作成と普及には安倍首相に考え方がちかいひとが参加する日本教育再生機構が全面協力している。同機構は、「新しい歴史教科書」を作る会の流れをくんでいるといわれている。

これらの教科書は、史実もさることながら、歴史観に問題が多い。このような教科書が文部科学省検定教科書としてつかわれるようでは、侵略された中国や韓国をはじめ、東アジア諸国が日本を受け入れるはずもない。

おそらく、内政干渉といわれるだろうが、東アジア諸国が、こんな教科書を撤回しないのであれば、国交断絶をするくらいのことをしないと多くの日本人は、気が付かないのかもしれない。

謝罪せざるをえない経済的必然性

日本で、「ドイツの過去の清算はトリックによる表面的なものであった」（木佐芳男「〈戦争責任〉とは何か」中公新書、2001年）として、ドイツの戦争責任のとり方に疑問を投げかける論調はけっして少なくない。

ドイツは、真摯に戦争責任を自覚し、きっちりと戦争責任・戦後責任をとって過去の克服をおこなってきた立派な国だが、日本は、東アジア諸国への侵略戦争に反省もしないとんでもない国だというのは、けっして事実ではない。

とうぜんのことかもしれないが、ドイツでも、侵略戦争やホロコーストに謝罪しつづけることに抵抗するひとびとは、けっして少なくない。日本流にいえば、「自虐史観」では、民族の誇りがズタズタに切り裂かれてしまうからであろう。

それでも、日本とくらべるとドイツは、ある程度は戦争責任・戦後責任をはたし、過去の克服をしているといわれている。そこには、ドイツに、そうしなければならない経済的必然性があったからである。

すなわち、戦前のドイツ帝国の東側（オーデルナイセ）が旧東ドイツ（ドイツ民主共和国）として「社会主義」化した以上、旧西ドイツは、西ヨーロッパの統合に組み込まれなければ生き延びていけなかったという、すぐれて戦後的な特殊事情によるものであった。

ただし、戦後初期に、すぐお隣に突如として「社会主義」国が政治体制として成立したこともあって、西ヨーロッパには、共産主義というのもナチズムとおなじ全体主義だという風潮が支配的であった。

西側諸国は結束して、共産主義の脅威に立ち向かわなければ、となったこともあって、ドイツによる侵略戦争やホロコーストについての謝罪は、戦後初期には、あまりきびしくせまられることがなかったようである。

したがって、日本の戦後責任のとり方というのが、「憲法」9条による戦争放棄、「独禁法」9条による財閥の復活阻止、農地解放による不在地主の放逐という徹底したものだったのにたいして、ドイツのそれは、西ヨーロッパの統合に参加するために、いわば政治・軍事「主権」を放棄することにとどまった。

日本の戦後責任は、アメリカを中心とする占領軍（ニューディール派）の事実上の「強制力」によってとることができたが、分割国家西ドイツは、自主的にみずからとらなければ、ヨーロッパで生き延びていくことができなかった。

ドイツの復興の道は、日本よりはるかに深刻であり、いばらの道だったのである。したがって、侵略戦争やホロコーストにたいする謝罪も、いわば、かなり屈折したものとならざるをえなかったのかもしれない。

謝罪の内実とは

戦後の冷戦体制のなかで、西ドイツ国民は、戦後しばらくの間、ホロコーストというのは、ヒトラーをはじめとするひとにぎりのナチス上層部の仕業であって、知らぬ、存ぜぬ、とシラを切り通そうとしてきた。

ところが、戦後の混乱もある程度終息してきた1960年代になると、外国人にたいする襲撃がはじまり、学生運動も高揚し、しかも、ホロコーストを取り上げたテレビ番組が放映されるようになって、事態がおおきくかわった。

すなわち、ドイツが、あくまで建前上とはいえ、ホロコーストという人道にたいする罪への徹底的な謝罪と補償をしなければ、西ヨーロッパ諸国がとうてい受け入れてくれなくなっていったのである。

それまでも、学校では、ホロコーストの残虐な事実をある程度は教えていたので、家庭で親が子どもに、「知らなかった」とシラを切り通すことは、むずかしくなっていた。

信じられないかもしれないが、旧西ドイツは、ヨーロッパ諸国・旧ソ連・アフリカ諸国への、ドイツ国家としての侵略戦争を総体として真摯に謝罪したことはない。ホロコーストばかりか、第二次大戦におけるドイツの侵略戦争の全責任も、ヒトラーと一部のナチス上層部に押し付けたのである。

とはいえ、戦後、ドイツの経済圏であった東ヨーロッパをうしなった旧西ドイツは、西ヨーロッパに受け入れてもらうためには、けっしてナチスが復活してはならなかった。「基本法（憲法）」でナチスの復活を禁止したのはそのためであろう。

こうして、ドイツは、1960年代末あたりから、ナチスによるホロコーストとヨーロッパ・旧ソ連・アフリカ蹂躙の全責任を、降伏直前に自殺したヒトラー一人に押し付けて、ほとんどすべてのドイツ国民がヒトラーにかわって謝罪しつづける道を選択した。

じつは、そのことによって、結果的に、ドイツ国民は、国防軍の侵略戦争にたいする罪とホロコーストへの間接的関与のほとんどが「免罪」された。

ここに、戦後ドイツの過去の克服の本質があると考えられる。悪い意味で、じつに「見事」である。

それでも評価されるドイツ

戦後、ドイツ国民が侵略戦争とホロコーストを真摯に謝罪してきたというのは、事実に反している。それなのに、どうして、侵略戦争とホロコーストに真摯に謝罪してきたと、ドイツが世界中から高く評価されているのか。

ようは、ヒトラーが侵略戦争とホロコーストの両方を主導（総統）したので、ホロコーストを断行したヒトラーを徹底的に悪者にすれば、侵略戦争を実行したことも、ヒトラーの全責任にすることができるということなのである。

このヒトラーにかわって、すべてのドイツ国民がホロコーストを真摯に謝罪すれば、侵略戦争にも「真摯」に謝罪したことになる。見事なレトリックといわざるをえない。

もちろん、それだけでドイツが侵略戦争とホロコーストを真摯に謝罪したと受け取るほど国際世論は甘くはない。そこで「一流」の政治家の出番である。

西ドイツのブラント首相（当時）は、１９７０年12月にポーランドのワルシャワを公式訪問したさいに、ワルシャワ・ゲットー英雄記念碑（ユダヤ人犠牲者追悼碑）に献花し、ひざまずいて両手をあわせ、無言の祈りをささげた。

ゲットーというのは、ユダヤ人を強制的にあつめて居住させた地区であるが、この写真が世界中に報道されると、「ドイツが第二次世界大戦での罪を悔いてポーランドに謝罪した」として、高い評価をうけた。

ブラントは、そのまえにポーランド人の無名戦士の墓にも献花しているが、立ったまま祈りをささげている。その写真が世界に配信されることはなかった。

「一流」の政治家によるドイツの戦争責任とホロコーストへの「ドイツ的」謝罪の極め付けともいえる演説が、第二次大戦終結40周年にあたる１９８５年5月8日に、ドイツ連邦議会でヴァイツゼッカー大統領（当時）によっておこなわれた。

ヴァイツゼッカーによる「過去のまえに目を閉じる者は、現在についても盲目となるのです」という文言が、ドイツによる侵略戦争とホロコーストの罪責をみとめ、深く反省したものと理解されたからである。

だが、このヴァイツゼッカー大統領の演説のレトリックは、もっぱらホロコーストという過去のことをのべたものであって、侵略戦争の過去は巧妙に回避するというものである。

しかも、戦後生まれのひとびとが侵略戦争とホロコーストについて謝罪することを「免罪」している。

ブラント首相のひざまずいての祈りとか、ヴァイツゼッカー大統領による名演説は、ドイツが真摯に侵略戦争とホロコーストを反省し、謝罪したものとして国際的に高い評価を受けた。

このふたりの政治家の行動や言葉が、西ヨーロッパにおけるドイツの立場を磐石なものにした大きな要因のひとつとなったことはまちがいない。

もちろん、その本質がヒトラーという狂信者ただ一人（いちにん）に、すべての戦争責任を押し付けて、「共犯者」であるはずの少なからぬドイツ国民と国防軍を「免罪」するところにあったというのも事実である。

この一点にこそドイツの「一流」の政治家の存在意義があると思われる。いい意味でも、悪い意味でも、国家の尊厳と国民の誇りを守り通すのが、「一流」の政治家なのであろう。

日本の政治家は、このドイツの「一流」の政治家に学ぶ必要などないかもしれないが、少なくとも侵略戦争を真摯に謝罪することが肝要である。

残念ながら、安倍首相は、このような資質をいっさい持ち合わせてはいない。「三流」の政治家なのであろう。これこそが、世界から警戒される現下の日本の悲劇である。

3　連邦軍の創設と域外派兵

（1）ドイツの再軍備

再軍備のための「基本法」改正

戦後の東西分割時に旧西ドイツは、暫定的な「憲法」として「基本法」を制定した。「基本法」146条の規定によれば、東西ドイツが統一して、「憲法」が制定されると、「基本法」が失効することになっていた。

しかし、実際には、早期のドイツ統一をはかるため、当時の「基本法」23条（宮沢俊義編「世界憲法集」岩波書店、1980年）にもとづいて東ドイツの各州が西ドイツに加入する形をとったため「基本法」がのこった。

「日本国憲法」は、戦争放棄をかかげているが、ドイツ「基本法」にはそのような規定はない。しかも、ドイツの「基本法」は、日本とちがって、連邦議会（下院）と連邦参議院（上院）のそれぞれで三分の二の特別多数があれば改正できる。もちろん、国民投票の規定などはない。ドイツでは、実態にあわせてたびたび「基本法」の改正がおこなわれてきた（阿部照哉・畑博行「世界の憲法集」有信堂、2000年）。

最初の重要な改正は、再軍備と徴兵制の導入であった。反対も強かったが、1954年に「基本法」73条が改正されて連邦の任務のなかに国防が盛り込まれた結果、「基本法」上で再軍備が可能となった。

こうして、1955年には、志願兵による連邦軍が創設されるとともに、北大西洋条約機構（NATO）と西欧同盟（WEU）に加盟し、西ドイツは、西ヨーロッパの防衛体制に組み込まれた。

1956年にも「基本法」が改正され、再軍備の法体系が整備されるとともに、第12a条で徴兵義務がさだめられた。

すなわち、「男子に対しては、満18歳より、軍隊、連邦国境警備隊、または民間防衛団体における役務に従事する義務を課することができる」（1項）が、「良心上の理由から武器をともなう軍務を拒否する者に対しては、代役に従事する義務を課することができる」（2項）とさだめられた。

徴兵を忌避するものは、老人ホームなどの公的施設でのボランティアをすればよいことになった。

ちなみに、徴兵制は、2011年7月1日に停止され、志願制と公的施設でのボランティアにかわる連邦ボランティア役務が導入された。

ここで、徴兵制の停止とされ、廃止とされなかったのは、緊迫事態や防衛出動事態などが発生したときに復活できるように、「基本法」上の規定をのこす必要があったからであるといわれている。

連邦軍の創設

「基本法」第87a条1項で、「連邦は、防衛のために軍隊を設置する」として軍隊の設置がさだめられた。

同2項で「軍隊は、防衛のために出動する場合以外には、この基本法が明文で認めているかぎりでのみ、出動することが許される」として軍隊の出動が規定された。

同3項で「軍隊は、防衛出動事態および緊迫事態において、軍隊の防衛任務を遂行するのに必要なかぎりで、民間の物件を保護し、交通規制の任務を引き受ける権限を有する」として軍隊の任務がさだめられた。

この再軍備の過程で、ドイツは、フランスをはじめ周辺諸国のドイツへの警戒心に配慮して、兵力の上限を設定するとか、核・生物・化学兵器というい わゆるABC兵器を製造も保有もしないということを自主的に申し出ていた。

とくに重要なことは、ドイツが独自に指揮できる部隊を少なくし、大部分の戦闘部隊が北大西洋条約機構（NATO）のもとで行動するようにされたことである。

しかも、陸軍は、1990年まで独自の参謀本部すらもたなかったという（加藤秀治郎「ドイツの政治／日本の政治」人間の科学社、1997年）。

東西冷戦が激化するにつれて、ドイツも核武装の必要が生まれてきた。与野党間の激論の末、1958年に連邦議会が核武装決議をおこなって、ドイツにNATOの核兵器が配備された。

もちろん、核兵器の製造も保有もしないということを原則としているので、核兵器の発射権限をドイツは保持しないということで、ドイツ国民の合意を取り付けた。こうして、ドイツは、「核の傘」にはいることで安全保障を実現しようとしたのである。

ところが、「基本法」において、国家主権にかかわる大問題がまだ解決されていなかった。というのは、1955年に西ドイツは主権を回復したものの、ドイツ駐留の米英仏占領三カ国が、非常事態がおきたばあいに介入する権限を留保していたからである。

この権限を消滅させ、主権を完全に回復するためには、緊急事態にかんする法整備が必要であった。しかも、冷戦下で、いつソ連からミサイル攻撃をうけるかわからないという危険な状態にもおかれていた。

与野党で対立する法律であったが、1966年に大連立政権が誕生したのを契機にして本格的に議論された。その結果、68年に「非常事態法」が成立するとともに、「基本法」も改正されて「第10a章　防衛出動事態　第115a条―1条」が追加された。

防衛出動事態や緊急事態は、ヒトラーが乱用したという教訓から、できることが第115a条―1条という12条にわたり詳細に規定され、どんな緊急事態であっても、国会での事前承認が義務づけられている。

もしも、事前承認がむずかしいばあいには、あらかじめ数名の国会議員を選出して合同委員会を組織しておき、この委員会の過半数の承認が必要とされている。

緊急事態条項というのは、ヒトラーが悪用したという教訓から、ドイツの「基本法」で適用が厳格に規定されている。日本で出ているように、けっして、とりあえず、「反対の少ない」緊急事態条項で「日本国憲法」をかえたら、というようなものではないのである。

（2）NATOの域外派兵

解釈改憲によるNATO域外派兵

ところで、「基本法（憲法）」では、ドイツの軍事的な国際貢献はどこまでみとめられているのか。

第24条2項では、「連邦は、平和を維持するために、互恵的な集団安全保障の制度に加入することができる」とさだめられているので、国際連合などの集団的安全保障機構にも参加することができる。

他方、第87a条2項では、「軍隊は、防衛のために出動する場合以外は、この基本法が明文で認めているかぎりでのみ、出動することが許される」とさだめられている。

ここでの防衛というのは、集団的自衛権のことであるというのが、ドイツでの支配的な学説である。ただし、NATO域内での出動しかみとめられないとされていた。

1982年に当時のシュミット政権は、後者の解釈を採用して、連邦軍の派兵はNATO域内に限定されるという立場をとった。それは、ナチスによる近隣諸国への侵略の反省から、軍事的にひかえめな行動をとるということの意思表示であったのだろう。

しかし、その後のコール政権もこの解釈を踏襲し、1991年の湾岸戦争へのかかわり方について、どのように国際貢献をしたらいいかということが大きな議論になった。

従来からのドイツ政府の「基本法」解釈にもとづいて、ドイツ連邦軍は多国籍軍に参加しなかった。

したがって、日本とおなじように、連邦軍を派兵せず、資金援助にとどめざるをえなかった。おかげで、日本とドイツは、国際的に「小切手外交」とはげしい批判にさらされた。

ドイツがNATO域外への派兵ができなければ、安全保障政策の柱であるNATO同盟国との協調活動のほか、EUの共通外交・安全保障政策を遂行するうえで支障をきたし、軍事同盟としての機能がはたせなくなる可能性があった（中村登志哉「ドイツの安全保障規範の変容」『言語文化論集』第xxxv巻第1号）。

「基本法」を改正するには、連邦議会の三分の二以上の賛成が必要である。ところが、当時の最大野党である社会民主党はもちろん、連立与党の自由民主党もNATO域外への連邦軍の派兵には反対していたので「基本法」改正は不可能であった。

そこで、コール首相（当時）は、「基本法」改正ができないのであれば、NATO域外への派兵を禁止していないという解釈の変更、すなわち解釈改憲によって、域外派兵をおこなうことで事態の打開をはかった。

連邦軍の域外派兵

当時のコール首相は、湾岸戦争への反省から積極的に軍事的にも国際貢献をおこなうために、解釈改憲によって積極的に国連の軍事行動にドイツ連邦軍を参加させた。この解釈改憲によって、さらなる軍事的な国際貢献が可能となった。

1992年7月に、新ユーゴへの経済制裁監視のための海軍の派遣、93年4月に、ボスニア上空監視のための航空警戒管制システム（AWACS）への空軍の派遣、同月、ソマリア平和維持活動（PKO）への陸軍部隊の派遣などがおこなわれた。

もちろん、解釈改憲にたいして、野党の社会民主党は、この派兵は「基本法」違反だとして連邦憲法裁判所に提訴したが、同裁判所は1994年7月に合憲の判決を出した。

判決理由は、相互的、集団的安全保障の機構の任務としておこなわれる活動には、連邦軍は参加できるというものである。ただし、連邦憲法裁判所は、判決以降は連邦議会の単純過半数による事前承認をうけることを義務づけた。

この合憲判決から2カ月後、旧東ドイツ地域に駐留していたロシア軍が完全撤退し、英米仏三カ国軍も戦勝国部隊としての地位をうしない、ドイツが完全に主権を回復した。

ここで、名実ともにドイツが戦後の終わり（ドイツ版「もはや戦後ではない」？）をむかえたといえるかもしれない（中村登志哉、前掲論文）。

こうして、1995年には連邦議会は、ボスニアの平和実施部隊への兵士4000人派遣を承認し、97年には、アルバニアから日本人をふくむ120人の外国人をヘリコプターで救出したことを事後承認した。

そして、第二次世界大戦後はじめて、ドイツ連邦軍がNATO域外国への攻撃に参加することを、連邦議会が事前承認した。

NATO域外への軍事攻撃

ユーゴスラビアへのNATO軍による空爆で、ドイツ政府は1999年3月に、連邦軍のトルネード戦闘爆撃機を攻撃の第一陣から4機参加させ、その後の攻撃にもくわわった。

この攻撃に先立つ1988年10月に、連邦憲法裁判所の判決にもとづいて、連邦議会は、580票のうち賛成500票の圧倒的多数をもって、戦闘爆撃機などによるユーゴ空爆の投入計画を事前承認していた。

当時のシュレーダー首相は、ユーゴスラビア空爆の必要性を「歴史に責任を負うドイツ人だからこそ、虐殺や民族追放に目を閉ざしてはならない」と指摘していた。

平和主義と非暴力の原則をかかげる当時の緑の党党首フィッシャー外相も、空爆の実施を支持したが、それは、「アウシュビッツを繰り返してはならないという歴史的教訓」がコソボ紛争にたいする基本姿勢をきめる基盤になったからだという(中村登志哉、前掲論文)。

2003年5月に国防相は、連邦軍の主要任務を国土の防衛から国際的な紛争の解決や危機への対処に切換えるあたらしい国防方針を発表した。それは、現状では、通常戦力による攻撃で国土が侵略される事態は想定できないからであるという。

冷戦が終結して21世紀にはいると世界戦争の危険性は低くなったが、民族間、宗教間、領土紛争などのいさかいの解決、テロへの対処のために国際的に協力していかなければならなくなってきた。

ドイツ連邦軍も国連の枠組みのなかで、国際貢献していこうということなのであろう。

軍事的にも貢献

ドイツ連邦議会は２０１４年9月、イスラム過激派の攻勢にさらされるイラクのクルド人勢力に武器を供与することを承認した。自動小銃などの小火器だけでなく、対戦車ミサイルなどの強力な兵器も供与した。

クルド人勢力の戦闘員のドイツ国内での訓練もおこなっている。

もちろん、公共放送ＡＲＤの２０１４年8月29日の世論調査によれば、６割もの国民が武器供与に反対している。

ドイツは、図表5にみられるように、いまやアメリカとロシアに次ぐ世界三位の武器輸出国である。ただし、２０００年にさだめた基本原則で紛争地域への武器の輸出はおこなっていない。

侵略戦争への反省から、安全保障分野ではひかえめな行動をとってきたドイツの政策がここで、大きく転換することになった。それにはふたつの理由がある（「日本経済新聞」２０１４年9月3日）。

第一に、外交が得意なフランスは内政が混迷し、イギリスはヨーロッパ統合に背を向けているので、あらゆる政策分野で責任を負わざるをえなくなったからである。

第二に、ドイツには、約１００万人のクルド系住民がおり、もはやイラク情勢はドイツと無関

図表5　武器輸出上位10カ国（2009〜2013年累計）

輸出国	世界武器輸出額に占めるシェア		主要輸出先国（輸出国の輸出総額に占めるシェア）、2009〜2013年					
	2009〜2013年	2004〜2008年	1位		2位		3位	
1　アメリカ	29%	30%	オーストラリア	(10%)	韓国	(10%)	UAE	(9%)
2　ロシア	27%	24%	インド	(38%)	中国	(12%)	アルジェリア	(11%)
3　ドイツ	7%	10%	アメリカ	(10%)	ギリシャ	(8%)	イスラエル	(8%)
4　中国	6%	2%	パキスタン	(47%)	バングラデシュ	(13%)	ミヤンマー	(12%)
5　フランス	5%	9%	中国	(13%)	モロッコ	(11%)	シンガポール	(10%)
6　イギリス	4%	4%	サウジアラビア	(42%)	アメリカ	(18%)	インド	(11%)
7　スペイン	3%	2%	ノルウェー	(21%)	オーストラリア	(12%)	ベネズエラ	(8%)
8　ウクライナ	3%	2%	中国	(21%)	パキスタン	(8%)	ロシア	(7%)
9　イタリア	3%	2%	インド	(10%)	UAE	(9%)	アメリカ	(8%)
10　イスラエル	2%	2%	インド	(33%)	トルコ	(13%)	コロンビア	(9%)

（資料）SIPRIデータ
（出所）JETRO

係ではなくなってきていることである。

周辺の国に、ドイツによる紛争地への武器供与をとくに気にするようすはないという。

さらに、ドイツは、連邦軍の東欧への派兵も視野にいれているが、東欧は、それを前向きに受け止めているという。ヨーロッパ諸国は、ドイツが、侵略戦争の贖罪を十分にはたしたとみているからなのかもしれない。

軍事貢献の負の側面

ドイツが軍事的な国際貢献をおこなうことで、負の側面も出てきている。

国連安保理決議にもとづく集団安全保障の枠組みのなかで、ドイツは、2002年1月からアフガニスタンへの駐留を開始した。

当初の任務は復興支援で、比較的安全な地域での治安の維持とされたが、しだいに反政府勢力との戦闘状態にはいり、ドイツ連邦軍にはじめての戦死者が出た（「東京新聞」２０１５年5月22日）。

ドイツ連邦軍兵士の死者は、１９９３年の国連カンボジア暫定統治機構への派遣から現在にいたるまでに１０４人にものぼる。アフガニスタンでは、55人が戦死や事故死した。

ドイツ連邦軍兵士による加害責任も発生している（「東京新聞」２０１５年5月10日）。

２００８年8月に、アフガニスタンで検問警備をおこなっていたドイツ軍兵士が、検査をのがれようとした車に発砲し、なんの関係もない3名の一般市民が死亡した。

２００８年9月には、ドイツ連邦軍司令官が、国際治安支援部隊（ＩＳＡＦ）に燃料輸送車の空爆を要請したが、誤爆のため、一般市民ら１００人以上が犠牲となった。

ドイツは、２０１４年末までの約12年間で延べ約13万５０００人を外国に派兵している。うち１０４人の兵士が、戦死のほか、精神を病むとか、自殺している。

２０１４年ごろのドイツの世論調査では、ほぼ半数が「派兵は無意味」と回答しているし、15年の世論調査では、これ以上の国外派兵の拡大には、三分の二の国民が反対しているという（同紙、5月10日・22日）。

安倍政権は、「憲法」解釈の変更で集団的自衛権の行使を可能にしたが、日本は、このようなドイツの軍事的な国際貢献を悪い意味で他山の石とすべきであろう。

第5章
ヨーロッパのドイツとは

1　ヨーロッパ統合と経済理念

(1) ユーロ導入の意義

ユーロ導入の意図

欧州連合（ＥＵ）諸国は、１９９９年に開始したユーロ導入（欧州通貨統合）を、つぎのふたつの点でうまく利用したようにおもわれる。

第一に、単一通貨ユーロを強い通貨にするためにもうけられた財政赤字のＧＤＰ比３％以内という参加条件をクリアするということを大義名分にして、ヨーロッパ諸国が財政構造改革を断行できた。

第二に、アメリカと張り合うことができる大経済圏を構築することによって、企業や金融機関の収益機会を拡大しようとした。

日本の絶望的かつ天文学的な財政赤字・政府債務残高をみるまでもなく、21世紀にさらにすすむことになる少子・高齢化に対応しうる健全な財政構造を構築するのはきわめて困難である。とくに、労働組合運動が強力で、しかも福祉水準の高いヨーロッパではなおさらのことであった。

ところが、財政構造改革のためには、徹底的に歳出を削減することはさけられない。だが、そうすると国民の猛反発をくらう。そこでヨーロッパ諸国は、通貨統合の実現というビジョンを前面にかかげて、行財政構造改革に邁進した。

健全財政を実現しなければ、通貨統合に参加できないというのが大義名分である。とうぜんのことながら、福祉水準の引き下げもおこなわれた。戦争のない平和で豊かなヨーロッパの実現のために、さけてはとおれない道だ、といわれると、反対するひとはあまりいなかった。

これは、広大な単一通貨圏で利益を奪い合う企業の国際競争力の強化にも役立った。もちろん、同時に、軍事費の削減、行政の無駄の排除なども徹底しておこなわれた。

徹底的な歳出削減をおこなってはじめて、付加価値税率の引き上げなどの増税にたいして、国民の消極的な支持がえられる。

ひるがえって、財政赤字を削減するためにと、まず消費増税をしておきながら、まったく歳出削減をおこなわないばかりか、かえって、景気の高揚のためにと、公共投資や軍事費などの歳出を増やす安倍政権とは、対照的である。

企業の国際競争力の向上

欧州通貨統合が実現すれば、ドイツをはじめとするヨーロッパの企業は、巨大なユーロ単一通貨圏において、ビジネス・チャンスがさらに広がっていく。企業は、徹底的な競争力の強化をはかった。

そのために、企業や金融機関の企業買収・合併（M&A）、金融機関の支店網の再編、新規業務への進出などが徹底的に断行されるとともに、金融・証券市場の統合・強化などもはかられた。

このように、通貨統合というのは、けっして、個人旅行者の通貨交換の手間をはぶくとか、為替交換手数料を節約させるために、ヨーロッパ各国の通貨を統合したという次元のものではなかったのである。

以前は、ユーロ圏（ユーロを導入した国）をすべて回って、各国の通貨を交換するだけで、最後には、当初の資金の半分に減ったといわれていた。半分は、為替交換手数料という銀行などの利益であった。

各国通貨がなくなると、為替手数料が不要となるので、旅行者が助かるだけでなく、企業も大幅なコスト削減になる。

逆に、銀行などは、為替交換手数料がなくなるので、収益がかなり圧迫される。通貨統合は、銀行の競争力の向上を強制するものでもあったといえよう。

このようにみると、ユーロ導入というのは、これを外圧にして、21世紀に耐えうる行財政構造、高度な国際競争力を有する企業・金融機関、世界の資金を引き付けられる魅力的な金融・証券市場の構築を目的としておこなわれたということができる。

とくに注目されることは、高すぎる福祉水準をいともかんたんに切り下げることができたことである。ここに、ヨーロッパ政治の「真骨頂」をみることができる。

ユーロ導入による平和で豊かなヨーロッパを構築するということであれば、国民は、福祉の引き下げも消極的ではあるが賛成せざるをえない。

日本の政治家も、けっして、いいことではないかもしれないが、このような手法をよく学ぶべきである。それが、政治というものである。

（2）ヨーロッパの経済理念

経済統合の理念

ドイツは、戦後、工業国で唯一東西に分割され、旧西ドイツは当初、労働者「重視」の経済政策を実行していたかにみえた「社会主義国」旧東ドイツに対抗しなければならなかった。米ソ冷戦というあらたな時代による強制であった。

すなわち、西ドイツは、労働者の高賃金・高福祉（ただし高負担）・長期夏季休暇の実現、福祉の充実や住宅の整備などを実現しなければ、旧東ドイツよりも一足先に分割国家を立ち上げたという立国の国是を全面否定される立場におかれてしまった。

本来、企業のあくなき利潤追求を基底的動機とする資本主義経済と労働者のある程度の厚遇は両立しないにもかかわらず、西ドイツにとって、それが不十分とはいえ可能だったのは、フランス主導の西ヨーロッパの統合に参加する道を選択したからである。

ときあたかも、「社会主義国」はもちろんのこと、アメリカへの対抗心もむき出しにするフランスは、米ソ両超大国に対抗しうる勢力の結集のために、ヨーロッパの統合を模索していた。フランス主導のEUというのは、ドイツの経済力を基盤とする「ブロック経済」であるとともに、自立した自己完結型の再生産構造をもちうるからである。

ここで重要なことは、フランスの経済力はたいしたことはないのであるが、アメリカなどに多少劣るとはいえ、対抗可能な軍事技術と軍事力をもっていたことである。

自立した経済の大前提である食糧（食料）自給のために、EUの農業保護政策と環境保護政策は徹底している。加盟各国は、農業を保護するので、EUは、適切な産業再配置をおこなってきた。したがって、農産物しか輸出するものがないという国はあまりない。

経済力の弱い国は、EUからの補助金などで庶民の生活水準の向上をはかっている。ようするに、資金の再配分によって、EU全体の経済成長を実現してきたのである。

EUの大きな特徴のひとつは、自立的な経済圏の構築をおこないながら、独自の通貨システムを構築してきたことである。

１９７９年の欧州通貨制度（EMS）の設立によって、ドイツ・マルクが「欧州基軸通貨」となることで、ヨーロッパから米ドルが排除され、ユーロ導入という通貨統合によって最後的に放逐された。

EUは、自立した経済圏なので対米貿易もそれほど多くない。

通貨統合以降もヨーロッパ諸国には、ユーロの導入あるいはユーロ相場への連動によって、為替リスクはあまりない。

ＥＵは「ブロック経済」なので、相対的に競争力のあるドイツ企業は、高い収益機会・収益性を享受できるし、ユーロ経済圏での業務には、外国為替交換手数料はもちろん、為替差損もない。そのぶんある程度、労働者の労働条件の向上に振り向けることができる。

日本の労働者とくらべると良好な労働・福祉条件、とくに6週間の夏季連続休暇などは、ドイツがＥＵに参加していなければ不可能だったことだろう。解雇規制をアメリカよりもはるかにきびしくしても耐えられるのはそのおかげであろう。

べつの側面からみれば、企業経営者は、そうかんたんには労働者を解雇できないので、労働・福祉条件の向上などのコストアップを、経営努力で補填しなければならないということである。かなりむずかしいことである。

内需拡大型の経済成長

ヨーロッパ諸国は、経済統合の地理的拡大という手法で、内需拡大型の経済成長を実現してきた。経済成長を質的に促進しているのが、ユーロ導入という統合の深化である。

したがって、日本やアメリカのようにマネーゲームによる浮利を追う資産バブル経済は、ほんらいであれば、発生しづらいはずである。

金融肥大化による「架空」の経済成長ではなく、いいモノ作りの重視、庶民の生活水準向上による内需拡大の経済成長という王道を歩んできたからである。

ＥＵは、積極的に新規加盟国を増やしてきた。庶民の生活水準の向上をはかることで、消費が拡大し、経済成長が可能となるからである。

こうした自立的経済圏を構築してきた結果、ヨーロッパ諸国の軍事費は削減された。生活水準の向上による経済成長をすすめようとすれば、再生産外消耗部門で経済成長を阻害する軍事費は増やせないからである。

軍事費の拡大と武器輸出により経済成長を実現するという安倍政権の成長戦略とは、真逆の政策である。

1990年代にアメリカとフランスの軍事技術水準に大きな差がついたのは、フランスがユーロ導入という21世紀のヨーロッパの将来ビジョンを実現するために、猛烈な財政構造改革をすすめた結果なのかもしれない。

フランスは、財政構造改革のほんらいのねらいである福祉の切り下げをおこなったものの、軍事費も大幅に削減した。ドイツもしかりである。

ヨーロッパでは、財政構造改革をおこなうばあい、日本とちがって、まず歳出削減を断行する。そのさいにも、庶民だけに犠牲を強いることはない。これは、市民革命をへた国とそうでない国のきわめて大きなちがいであろう。

福祉を充実するために、2014年4月に消費税率を5%から8%に引き上げたはずなのに、安倍政権は、かえって福祉分野の負担を重くするだけでなく、議員定数の削減などどこ吹く風という始末である。しかも、公共投資を増やし、経済成長を推進している。

ヨーロッパ、とりわけドイツの工業製品は、いいモノが多く世界中で売れる。エネルギーも自然エネルギーを増やしているので、化石燃料の輸入は日本ほど多くはない。その結果、貿易収支は黒字である。だから、ドルや円などユーロ以外の通貨でいくらでも外国から買うことができる。

ところが、アメリカは、貿易収支は赤字なのでドル以外の通貨で外国から石油や工業製品などを買うことができない。ということは、本当に庶民の生活水準を向上させようとするのであれば、超絶的・天文学的な軍事費などにつかってはいられないということである。

ヨーロッパ諸国、とりわけフランスの軍事力と軍事技術が、20世紀末には、アメリカと超絶的格差が出たのは、フランスが、経済政策の王道を歩んできたからである。

ひるがえって、安倍政権はといえば、軍事経済化という経済政策の邪道をすすみつつあるようにみえる。

2　中央銀行の金融政策

(1) インフレの阻止

天文学的インフレの時代

ドイツには、かつて給料をもらったとたんに仕事をほっぽりだして買い物にはしらなければならない時代があった。

仕事が終わるまで買い物をしないでいると、その間にもどんどんモノの値段があがっていったからである。１９２０年代のいわゆる天文学的インフレがそれである。

第一次大戦で敗北したドイツは、巨額の賠償を支払うことができなかった。そうすると、戦勝国のフランスは、ドイツのルール地方を占領した。ドイツは、インフレ政策で対抗した。そうすると、あれよあれよ、というまに、すさまじいインフレにみまわれてしまった。

このインフレでもっとも被害をうけたのが年金生活者や庶民である。預金など営々として築き上げた庶民の金融資産が、あっというまに消え去ったからである。

ところが、莫大な借金をかかえていた企業といえば、魔法のように、きれいさっぱり消えてしまった。労せずして「健全経営」企業に生まれ変わることができた。

膨大な債務をかかえた政府も、なんなく「健全財政」に転換した。

このようなインフレを繰り返してはならないというのが、通貨統合までドイツの中央銀行であったドイツ連邦銀行の金融政策の根本理念であった。

しかしながら、インフレを阻止し、通貨の対外価値を安定させる、すなわち通貨価値を擁護するのは、それほどかんたんなことではない。

景気回復のためであったとしても、インフレが懸念されると、中央銀行としては、金融を緩和できないし、してはならないからである。

ところが、政治家は、たとえインフレが高進したとしても、景気を回復させ、失業者を減らすことに重大な関心をもっている。そうしないと、つぎの選挙で落選してしまうからである。だから、政治家は、中央銀行に圧力をかけて、インフレ政策をとらせる。

通貨価値擁護の金融政策

消費者物価の安定（もちろん低位安定であって高位安定ではない）の金融政策は、極論すれば、インフレが生ずるくらいならば、たとえ景気が停滞しても、失業者が減らなくてもしかたがないというものである。

通貨価値の擁護というのは、ひとつは、物価の安定をはかり、インフレを阻止するということ、もうひとつは、通貨の対外価値（為替相場）を安定させるという、ふたつの金融政策によって実現できるとかんがえられる。

消費者物価の安定を実現する不可欠の大前提は、通貨の対外価値の安定である。安倍政権が日本銀行に圧力をかけ、2％のインフレ（物価安定）目標の実現を押し付けてきたように、円安誘導をおこなえば、輸入物価が上昇し、輸入インフレが高進するからである。

これでは、実体経済の成長によって、消費者物価が上昇したわけではないので、物価は上がるものの、個人消費はますます冷え込み、景気は後退する。景気低迷下のインフレ、すなわちスタグフレーションが進展するだけである。

したがって、あくまで物価を低位安定させようとすれば、中央銀行の政府からの独立性確保が絶対的な前提条件となるのである。

かつて、政府・政治からの絶対的な独立性を誇った中央銀行こそドイツ連邦銀行であった。欧州通貨統合以前の「ドイツ連邦銀行法」第３条によれば、その使命は、「本法によって付与された通貨政策上の権限を用いて、通貨を安定させる目的で通貨流通および経済への信用供給を規制し、かつ銀行で受け付ける国内と国外の支払い決済取引を監視する」ことにあった。

ドイツ連邦銀行は、通貨価値の擁護のために活動することを法律で規定されていたのである。もちろん、「支払い決済取引の監視」という文言があったので、通貨価値の擁護だけが唯一の使命ではないという意見はあったが。

ドイツ連邦銀行の独立性は法律によって保証されていたものの、ときの政府から独立した政策決定ができたのは、第一次大戦後の天文学的インフレの教訓から、インフレの抑制ということにかんして、確固たる国民的なコンセンサスと支持が背後にあったからである。

（２）通貨価値の擁護

中央銀行の使命

ドイツ連邦銀行は、通貨価値擁護のための業務を遂行するにあたって、政府の指示・命令をいっさいうけることがなかった。もちろん、ドイツ連邦銀行は、通貨価値の擁護と矛盾しないかぎりにおいて、政府の経済政策の遂行に協力することが義務づけられていた。

ドイツ連邦銀行理事会が最高意思決定機関であったが、政府と意見がことなるばあい、政府は、強制的に金融政策の決定を2週間延期させる権限（議決延期権）をもっていた。

これは、ナチスの戦争政策に中央銀行を従属させるために制定された「ライヒスバンク法」を戦後改正するとき、中央銀行の独立性が高まりすぎることを警戒していれられた規定である。だから、戦後、一度も政府によってこの権利が行使されたことはない。

欧州通貨統合にさいして、欧州中央銀行（ECB）が設立されたが、このECBは、ドイツ連邦銀行型の物価の安定が唯一の使命であり、その独立性はきわめて高い。

そのため、ECBの設立にあたって、「ドイツ連邦銀行法」改正がおこなわれ、ドイツ連邦銀行の第一義的な使命が通貨価値の擁護だけであることが明記されるとともに、政府による議決延期権が撤廃された。政府など公的機関への信用供与も禁止された。

1999年1月の欧州通貨統合の開始にともなって、通貨統合参加国の金融政策の策定・遂行はECBがおこなっており、ドイツ連邦銀行は、ECBの金融政策の実行機関となった。ECBの唯一の使命も物価の安定である。

ドイツ連邦銀行の通貨価値の擁護が、欧州中央銀行（ECB）では物価の安定にかわった。それは、ECBがドイツ連銀とちがって、あまり自主的に為替介入ができないようになっているからかもしれない。

日本銀行の黒田東彦総裁は、2013年4月（14年10月から第二弾）から滅茶苦茶な金融緩和で円の価値を下げて（円安）輸入インフレ誘導をおこなっている。

これでは、デフレは克服できるかもしれないが、景気回復を阻害し、日本をふたたび不況におとしいれる可能性が高い。すなわち、不況とインフレの同時進行というスタグフレーションとよばれる事態である。

ドイツ連邦銀行の通貨価値の擁護というのは、かなり完成度の高い規定なのかもしれない。すなわち、通貨価値が下落するインフレ・消費者物価上昇は阻止するが、通貨価値が上がるデフレには中央銀行は責任をもたなくてもいいということになるからである。

インフレもデフレもマネー現象なので、中央銀行は、その克服にも責任をもてという新自由主義者の主張からすれば、デフレ克服も中央銀行の責任になってしまう。

そうなれば、黒田日銀のように、２０１３年４月、14年10月と、二度にわたりなりふりかまわぬ滅茶苦茶な金融緩和をせまられてしまう。デフレ脱却が日銀の至上命令とされているからである。

デフレへの対処

中央銀行がその結果に責任をもたなければならないのは、通貨要因による消費者物価の上昇だけである。すなわち、通貨供給量が増加して消費者物価が上昇するばあい、その原因と結果に責任をもたなければならない。

おなじ物価上昇であったとしても、たとえば景気の過熱による賃金上昇や消費者物価の上昇、消費税率や公共料金の引き上げなどによって消費者物価が上昇したとしても、とうぜんのことながら、その原因について責任を問われることはない。

中央銀行が責任を問われるとすれば、その結果についてである。すなわち、通貨要因以外の消費者物価上昇を抑え切れなかったケースである。

消費者物価が上昇しそうになったら、中央銀行は、金融引き締めなどをおこなって物価の安定をはからなければならない。もしも、それに失敗したら中央銀行は、きびしい批判にさらされる。

しからば、消費者物価が持続的に下落するデフレはどうか。

日本銀行がいうように、通貨供給量が経済活動の従属変数であるとすれば、通貨要因によって、デフレが生ずるはずがない。インフレもしかり。

日銀がなんらかの理由によって、通貨供給量をいちじるしく減少させた結果、デフレが生じたとすれば、その責任は日銀が負わなければならない。しかし、そんなことはありえないことである。デフレ期に日銀が通貨供給量を減らしたという事実はない。

資産バブルを徹底的につぶすために金融引締めをおこないすぎて、資産デフレをもたらしたではないかという反論もあるかもしれない。これは、たんに資産バブルが崩壊して高騰しすぎた資産価格がもとにもどったにすぎない。本来のデフレとはことなっている。

デフレというのは、深刻な不況ということの消費者物価面での表現にすぎない。

したがって、企業の過剰設備・過剰雇用・過剰債務、金融機関の不良債権の処理、徹底的な財政構造改革による個人消費拡大策という不況克服のための根本的経済政策を実行しなければ、けっして克服することはできない。

事実、１９９９年から景気が回復したといわれても、いぜんとしてデフレがつづいてきた。日銀は、平成大不況のなかでとりうる金融政策手段をすべて投入した。非伝統的金融政策である短期金融市場での実質ゼロ金利政策や量的緩和政策まで断行した。

もちろん、デフレになってしまったという結果について、日銀は、ある程度の責任をとらなければならない。だが、デフレ克服のインフレ政策は、副作用が大きいので慎重に遂行されなければならない。

したがって、デフレ懸念の払拭が展望できるような情勢となるまでゼロ金利政策を継続するとしたかつての日銀の方針は、それが適切かどうかということをべつにすれば、そのかぎりでは正しい金融政策であった。

物価上昇の阻止

中央銀行は、実体経済の規模とくらべたばあいの通貨供給量の過剰など通貨要因による物価の上昇についてのみ、その原因と結果について責任をもたなければならない。したがって、中央銀行の使命は、通貨価値の擁護でなければならない。

それは、たんに、年金生活者や庶民の金融資産がいちじるしく減価して、債務者によってその金融資産が「合法的」に収奪されるからだけではない。

通貨価値の擁護というのは、現代資本主義が存立するための大前提であって、通貨価値が擁護できなければ、現代社会における経済活動が甚大な被害をうけるということが重要なのである。

価値をもつ金の裏づけを欠いた不換通貨の流通根拠は、国家によって付与された強制通用力である。いやいやながらでも通貨を受け取らなければならない。そのための前提は、その通貨の価値が財やサービスの価値と最大限等しいということである。

しかし、その通貨の価値が減価すれば、通貨の所有者は、みずからの国家を見捨てて、外国の国家を信用し、外国の通貨や外貨建て金融資産をもとうとする。とくに、国際化がここまで進展した現在、それが急速にすすむと、一国経済は崩壊する。

したがって、中央銀行の金融政策の使命は、通貨価値の擁護でなければならない。

黒田日銀が遂行している金融政策は、米中央銀行FRBの引き締め政策に金融緩和で対抗して円安に誘導し、その結果として発生する輸入インフレ政策である。したがって、通貨価値の擁護に反するばかりではなく、物価の安定も損なう。

預貯金利はほぼゼロ、長期金利も0・5％以下、賃金も年金もさほど上がらないなかで、消費者物価だけが上昇するのでは、インフレによる庶民からの金融資産などの強制的「収奪」政策といわれてもしかたがない。

こうして、国家と企業の債務の自動的「削減」となるのであれば、それこそ日銀による意図的な「財産権」の侵害であって、「憲法」違反であろう。

3　ヨーロッパのドイツへ

(1)　ユーロの導入

ドイツのヨーロッパ戦略

日本とともに第二次大戦で敗北し、廃墟（ただし、生産力水準は維持されていた）と化した同盟国ドイツは、戦後、「ゼロ」からの復活をとげたといわれているが、日本とはちがって、当初は数奇な運命をたどった。工業国で唯一、東西に分割されたからである。

広大な東欧マーケットとともに、東ドイツ農業地帯をうしなった西ドイツ（正式にはドイツ連邦共和国）は、政治的にはもちろん、経済的な側面からも、西ヨーロッパ統合に参加せざるをえなくなった。

統合ヨーロッパでは、本来は、ドイツとフランスという大国が併存することはむずかしい。おそらく、「両雄並び立たず」となるはずである。

ところが、ドイツには、フランスの西ヨーロッパ統合の野望に逆らうことはできないという、戦後ゆえのふたつの特殊な事情があった。

それは、第一に、侵略戦争と、ナチス・ドイツによるユダヤ人の大量虐殺（ホロコースト）への反省から、経済的利益の獲得にのみ専念するという戦略を構築したドイツが、フランスを立てて、政治的に跳ね上がらないと決意したことである。

これこそが、ドイツの戦争責任・戦後責任の究極の取り方であったのかもしれない。

第二に、西ドイツが英米仏三カ国によって、東ドイツ（正式にはドイツ民主共和国）が、旧ソ連によって分割占領され、ドイツが、とくにフランスに逆らうことができなかったことであった。

というのは、ドイツの悲願であった東西統一のためには、「国際法」上、占領（正確には信託）状態を解除する条約を占領四カ国で締結しなければならなかったからである。ということは、フランスは、調印・批准をしないということで統一に拒否権をもっていたことになる。だから、直接侵略して、国土を蹂躙したフランスには、ドイツは、とくに気を使わなければならなかった。

戦後、西ヨーロッパで統合が大きく進展したのは、このような事情によるものであったが、やはりその大前提は、侵略戦争にたいする反省であった。もし、それが不十分であれば、西ヨーロッパ諸国には、とうてい受け入れられるはずもなかったからである。

とはいえ、ドイツは、侵略戦争への謝罪（お詫び）だけは、なんとしても回避したかった。というのは、意にそわず、むりやり徴兵された多くの兵卒（市民）も謝罪しなければならないからである。

だから、すでにのべたように、政治家だけでなく、ドイツ国民も、侵略戦争とホロコーストの全責任をヒトラーに負わせ、ヒトラーにかわって謝罪しつづけてきたのである。

西ヨーロッパ経済圏の獲得

きわめて不十分であったが、こうした「謝罪」戦略が功を奏し、ドイツは、西ヨーロッパの統合に参加することができた。

その結果、統合ヨーロッパで相対的に国際競争力のあるドイツ企業がかなりの利益をあげつづけている。おかげで、ドイツは、高負担とはいえ、ある程度の高賃金・高福祉・長期有給休暇を国民に提供することができるようになった。

1999年に単一通貨ユーロが導入されると、ドイツは、広大なヨーロッパのマーケットを事実上、単一通貨を有する「国内市場」とすることができた。

しかも、経済力が相対的に強大なドイツにとってユーロというのは、かなり割安だったので、ドイツ企業は、利潤機会を飛躍的に拡大することができた。

資産（住宅）バブルが崩壊して、ギリシャで債務危機が勃発すると「労せずして」ユーロ安となって、膨大な為替差益を享受してきた。

こうして、広大な「国内市場」で企業が多くの利益をあげているドイツは、域外にたいしてもユーロ安のおかげで輸出が増え、貿易黒字が激増した。おかげで、かなりの景気の好調さを維持することができた。

それは、戦後、やり方はともかくとして、ドイツが西ヨーロッパに受け入れられるような生き方をしてきたからである。

日本とちがって、1955年に再軍備をおこなったものの、軍事的にはNATO（北大西洋条約機構）の枠内で行動している。ほとんどの軍事行動は、ＮＡＴＯの指揮下でおこなわれている。

こうして、ドイツは、軍事行動の「自主権」を事実上放棄したといえよう。これが、ドイツの侵略戦争にたいする謝罪の仕方なのかもしれない。

ヒトラーによる中央銀行の私物化

１９３３年１月に政権を奪取したヒトラーは、当初、アウトバーン（高速道路）建設などの公共投資で大恐慌をとりあえず「克服」し、経済成長を実現した。

それが可能だったのは、このころには、すでに大恐慌は底入れしていただけのことであった。だから、だれが政権をとったとしても景気は上向いたはずである。ちょうど、安倍氏が政権に復帰したときには、すでに円高が是正されつつあったこととよく似ている。

景気の回復はヒトラーのおかげだとドイツ国民に誤解させることができたので、ヒトラーの「人気」は高まっていった。これも第二次安倍政権の初期とそっくりである。

ヒトラーは、安倍首相とはちがって、それまでの景気回復は、自分の「手柄」だとはかんがえなかったのかもしれない。

というのは、さらに国民の支持を獲得すべく、国民の「反ユダヤ」意識をたくみに悪用して、ユダヤ人敵視政策をとるとともに、戦争経済の構築するために、軍備増強をはかろうとしたからである。

そのためには、膨大な財政資金が必要であるが、軍拡資金の確保のためには、増税をしなければならない。だが、いくら「人気」のあるヒトラーといえども、大増税などできようはずもない。増税すれば「人気」が急落し、戦争などできなくなってしまうからである。

そこで、ヒトラーは、1941年に「中央銀行（ライヒスバンク）法」を大改悪し、みずからの従属下におくことで、戦費をいくらでも引き出せるようにした。

中央銀行だけがマネーを作り出すことができ、とりあえず「無限」に軍備の拡張ができるからである。

ヒトラーは大改悪したおかげで、「打ち出の小槌」を手に入れ、侵略戦争に突入していった。

フランスが通貨統合でドイツから自国通貨マルクを取り上げ、単一（統一）通貨ユーロの導入に固執したのは、この世界史の苦い教訓によるものであったとかんがえられる。

フランスのユーロ導入のねらい

戦後、西ヨーロッパで経済統合が一挙に進展していったのは、ドイツの第二次大戦後の特殊な事情によるものではあったが、それはまた、西ヨーロッパ諸国がドイツの軍事的脅威を取り除かなければならないとかんがえたからである。

NATOへの参加も、経済統合の進展も、通貨統合の実現も、なんとしてもドイツの政治的・軍事的・経済的「自立」を阻止するためであった。

ドイツの軍事的脅威を最後的に除去するためには、国家主権のすべてを超国家機関が取り上げる政治統合、すなわち欧州連邦の樹立が不可欠である。

もちろん、そんなことは、そうかんたんにできるはずもないので、統合が拡大・深化するにつれて、フランスは、ドイツが戦費を勝手に調達できないようにすることをもくろんだのかもしれない。

フランスがユーロ導入を推進したのは、アメリカに対抗可能な大経済圏の構築にあったことは事実であるが、ほんとうのねらいというのは、ドイツからマルクを取り上げることにあったのではないかとかんがえられる。

ユーロが導入されることによって、ドイツの通貨発行権は欧州中央銀行（ＥＣＢ）に委譲された。それまでのドイツの中央銀行であったドイツ連邦銀行は、欧州中央銀行制度の一支店にすぎなくなり、独自のユーロ発行権はもっていない。

通貨発行権を剥奪され、通貨の増発ができない以上、万々が一、ドイツが戦争に突入しようにも、必要な戦費は、大増税によってまかなわなければならない。国債の増発でも戦費を調達できるだろうが、外国の投資家はそうそう購入してくれないことであろう。

20％あまりで、ただでさえ高い付加価値税率を30％あたりまで引き上げたら、政権が崩壊する。この増税案は、そもそも連邦議会をとおらないだろう。ヒトラーがドイツの中央銀行を「金庫代り」にしたのは、そのためである。

このように、ヨーロッパ諸国は、あの手この手でドイツの軍事的脅威の除去に腐心してきたのである。見事としかいいようがない。

（2）ヨーロッパに受容されるドイツ

ユーロの致命的欠陥

みてきたように、ヨーロッパの統合というのは、ドイツの封じ込め、冷戦期の米ソへの対抗、冷戦終了後のアメリカへの対抗、など経済的要請というよりも、むしろ政治的必要性から進展してきたのである。

したがって、ユーロ導入にしても、はじめから致命的欠陥をかかえていた。すなわち、ユーロを導入した各国は、通貨主権をＥＣＢに委譲したものの、いぜんとして財政主権をはじめとする国家主権をかかえたままだというところに、ユーロの致命的欠陥がある。

そんなことは、ヨーロッパの政策担当者はもちろん、研究者もみんなわかっていた。

このユーロの「生まれ出る悩み」「致命的欠陥」は、１９８０年代末から90年代初頭にかけておこなわれた通貨統合の議論で再三再四指摘されたことである。ところが、是正するための妙案はうかばなかった。

もちろん、その解決策はきわめてかんたんである。通貨統合と政治統合を同時におこなえばよかっただけのことだからである。

欧州連邦の設立ということになるのであろうが、そんなことは、10年はおろか、50年や１００年たっても無理であろう。そこで、ヨーロッパ諸国の政府首脳は、政治統合による通貨統合か、あるいは断念かという二者択一をせまられた。

ところが、ヨーロッパの統合というのは、政治的・軍事的要請で進展してきたし、これからもこの要請が消滅することはない。とすれば、両者の折衷案でいくしかないということになる。

すなわち、通貨主権はＥＣＢに委譲するが、財政主権をはじめとする国家主権は各国に帰属したままにする。ただし、ユーロ導入後も財政規律を守り、もし違反したら罰金をとるという「安定・成長協定」によって、財政主権へのしばりをかけた。

もちろん、協定にすぎないので、遵守などされるはずもなかった。

単一通貨を導入したとしても、経済力に格差などがあると、それぞれの国でのユーロに強弱のちがいが出てくる。もちろん、通貨統合がはじまるまでに、経済力格差の是正（収斂）措置がとられたのであるが。

ユーロの導入

かくして、１９９９年1月に単一通貨ユーロが導入されたが、じつに11か国も参加してしまった。２００1年には、ギリシャまでユーロを導入してしまった。

本来であれば、欧州経済共同体（ＥＥＣ）を結成したときの6ヵ国のうち、イタリアをのぞいた5カ国にオーストリアをくわえた6カ国で、ユーロを導入すべきだったのかもしれない。

そうすれば、経済力の格差もあまり大きくはないし、インフレもあまり高進していない国が多かったので、うまくいくはずだった。ところが、ギリシャもふくめて、当初、なんと12カ国も参加してしまった。

事前に経済力格差の是正もあまりおこなわれなかった。ごまかして財政赤字の削減をおこなった国もあったので、苦難の船出であった。そもそも、ギリシャの財政赤字の公表数字が虚偽であった。ユーロ導入が政治的要請によっておこなわれたとするゆえんである。

しかも、ユーロ導入後まもなく、ドイツとフランスの景気が低迷し、財政赤字が膨れ上がって「安定・成長協定」に違反した。ところが、ドイツとフランスは、欧州委員会による赤字の是正勧告をなんと黙殺したものの、制裁措置はとられなかった。

ここで同協定は有名無実化してしまった。欧州債務危機のはじまりである。

ヨーロッパの資産バブル

ユーロが流通する広大な単一通貨圏が成立したことで、相対的に高い国際競争力をもつドイツ企業が、膨大な収益をあげることができるようになった。

しかも、きわめて重要な点は、ユーロ導入国間の経済力格差があまり是正されなかったにもかかわらず、単一通貨が導入されたので、国によってユーロの価値がことなるようになってしまったことである。

ことなる通貨がつかわれていれば、経済力の弱い国の通貨が安くなるはずである。そうすると輸出が増えて、輸入が減り、貿易赤字が減少していく。輸入が減るのは、輸入価格が上昇するからである。

ところが、自国通貨安になると国内通貨の換算で輸入価格は高くなるのであるが、単一通貨ユーロだと、ユーロ価格では上がらない。通常は、輸入価格が上昇すれば、輸入が減り、輸出が増えて景気がよくなっていく。おなじ通貨をつかうとそれができない。

こうして、ドイツは、ユーロを導入したことで超過利潤が増大した。モノを売るだけでなく、為替でも儲けているからである。

ギリシャの債務危機にさいして、EUなどによって実施された金融支援は、資産（住宅）バブルのときにドイツが、ギリシャでボロ儲けしたお返しだ、と多くのギリシャ国民がいったのはそういうことであった。

ギリシャ危機の勃発で欧州債務危機が発生すると、今度は、ドイツは、ユーロ安でも利益を上げることができるようになった。ドイツは、ユーロ導入によって、二重の利益を享受してきた。

通貨主権と財政主権が乖離しているというユーロの致命的欠陥は、ドイツにとっては、きわめて有利に働いたのである。ドイツを抑え込むためにユーロが導入されたのに、逆に、ドイツにボロ儲けさせ、政治的発言力も高める結果となった。

それは、ちょうど、江戸末期にボロ儲けした商人が、政治的にも強大な力を有するようになったのと似ているかもしれない。

資産バブルと欧州債務危機

ユーロが導入されるとヨーロッパ諸国では、必然的に深刻な資産（住宅）バブルが発生した。

不十分かつ虚偽の申告であったとはいえ、まがりなりにも財政赤字が削減され、ユーロが導入されたので、とりわけギリシャやスペインなどの南欧諸国での長期金利が、劇的に低下したからである。

インフレになやまされてきた南欧諸国では、従来は、とうぜんながら長期金利は高かった。それが、長期金利はかなり低下し、資金需要が旺盛となり、住宅価格が上昇し、国債の価格も上昇（金利は低下）した。

おかげで、ヨーロッパ諸国、とりわけギリシャやスペインなどの南欧諸国だけでなく、ドイツなども空前の好景気を謳歌した。

さしものヨーロッパの資産（住宅・国債）バブルも、２００８年にはアメリカのリーマン・ショックで崩壊し、２００９年10月にギリシャのとんでもない財政赤字が発覚すると、10年5月に欧州債務危機が勃発した。

ギリシャ危機は、資産バブル期に膨大な国債を発行して資金を調達し、その資金が公務員などへのバラマキにつかわれたことで発生した。ギリシャの歴代政権は、膨大な財政赤字をひた隠しにしてきたが、とうとう政権交代ですさまじい財政赤字が暴露された。

そうすると、とうぜんながらユーロが暴落した。ギリシャが財政破綻し、国債のデフォルトにおちいれば、ユーロが崩壊する危険性があったからである。

ちなみに、リーマン・ショックがおこると急激に円高がすすみ、日本経済は、いっそう苦境におちいった。それは、世界の投資資金が、相対的に安全とされる日本円に流入するだけでなく、欧米に投資されていた資金が日本に還流したからである。

欧米の資産バブル期には、日銀のゼロ金利政策による超低金利資金を調達して、欧米の金融商品に投資する、いわゆるキャリー・トレード（金利差取引ないし円借り取引といわれる）が横行した。これが逆流したのである。

日本で円高に対応すべく、政府が為替介入をおこなうと国際的なはげしい批判にさらされる。円高に耐え切れず、日本企業から悲鳴があがったのも、とうぜんのことである。

ところが、ドイツでつかっているユーロは逆に、安くなった。ユーロ安政策をとっているわけでもないのに、世界中からギリシャ危機を同情されながら、ユーロが安くなった。

こうして、ドイツは、域外貿易でも膨大な利益を獲得することができたのである。

ギリシャなどの南欧諸国が財政規律を守ってくれていれば、欧州債務危機が発生することはなかっただろうし、ユーロ安になることもなかったかもしれない。「運よく」守ってくれなかったことで、ドイツは、膨大な為替差益と貿易黒字を獲得してきた。

ユーロの致命的欠陥は、ドイツにとっては、きわめて有利に働いた。さしずめ、災い転じて福となす、であろう。

好調なドイツ経済

みてきたように、「ユーロの便益」をとことん享受しているドイツ経済は好調であった。

失業率は、２０１３年６月に５・４％まで低下した。１９９０年のドイツ統一以降で最低の水準となった。株価も一時は、史上最高値を更新した。２０１３年9月の貿易黒字は２０４億ユーロとなり、過去最大であった08年6月の１９８億ユーロを上回った。貿易に投資収益などをくわえた経常収支の黒字は、ＧＤＰ比でじつに６％を超えていた。

経常収支の年間の黒字は、近年、２０００億ドルを超えており、２０１１年、12年と中国を抑えて世界一で、13年も過去最高を更新した。

ＥＵは、域内の経済的な均衡をたもつために、加盟国にたいして過去3年間の経常収支黒字のＧＤＰ比を６％以内におさえるようにもとめている。ドイツは、この上限を超えていたので、欧州委員会は調査に乗り出した。

アメリカ政府もドイツにたいする批判を強めてきた。２０１３年10月に発表した議会への為替報告書で、ユーロ導入諸国の経済成長が「ドイツの内需の弱さと、輸出依存」によってさまたげられていると指摘した。

さらに、国内の需要を喚起して、輸入を増やし、経常収支の黒字を減らすべきだと批判している。これは、１９８０年代の日本への批判と似たようなものである。

好調な経済を背景にドイツは、ＥＵ諸国の財政再建による健全財政を強引にすすめている。この手法に批判もあるが、少子高齢化は、これからもすすむので、健全財政を実現することは至上命令である。こうして、２０１５年予算はとうとう黒字となった。

いまやヨーロッパを「支配」しているのはドイツだといわれている。政治をフランスにまかせ、経済的果実だけをひたすら追求してきたドイツが、ついにヨーロッパの「支配者」になったということなのであろうか。現代ドイツ〝帝国〟の成立といえるかもしれない。

もちろん、好調なドイツ経済も失速しつつある。２０１４年２月のウクライナ危機などがあって、ドイツのＧＤＰは、２０１４年１～３月期に前期比でプラス０・７％増から、４～６月期には０・２％のマイナスとなった。

第6章
世界から警戒される日本

1　ヘイトスピーチ

（1）ヘイトスピーチ横行の要因

日清戦争後のアジア蔑視

この数年、街でもネットでも目立つのが、ヘイトスピーチ（憎悪表現）の横行である。ヘイトスピーチというのは、人種や宗教や性差などにかんする憎悪の表現である。中国などのひとびとを蔑視するようになったのは、日清戦争に勝利してからのことであるといわれている。日本が欧米列強の一角にくわわったとか、アジアの大国になったとの誤解から、蔑視がはげしくなっていったのであろう。

白人にたいするヘイトスピーチは、ほとんどみられないのは、拝欧主義のあらわれなのであろう。

しかしながら、第二次大戦で敗北すると、日本が、中国や朝鮮半島などへの侵略戦争をまがりなりにも反省してきたことや、戦後の民主主義教育や平和教育をうけてきたわれわれが、アジアのひとびとを蔑視するようなことはない。

ところが、第一次安倍政権の登場と２０１２年12月の第二次安倍政権の誕生によって、街頭ばかりではなく、インターネット上においても、ヘイトスピーチが、ますますはげしくなってきているようである。

規制のない日本

こうしたなかで、法的な規制は整備されていない。ネット上で、ヘイトスピーチを垂れ流しても、それだけで法的な責任を問うことはできない。

名誉棄損ということで法的責任を問うことはできるが、訴えた方が、どこが名誉棄損かを立証しなければならない。なかなか、むずかしい裁判になるようである。

ところが、おなじ敗戦国ドイツでは、ホロコースト（ユダヤ人の大虐殺）を否定する言動はヘイトスピーチの一種とされ「刑法」で禁止されている。

それは、民主主義を踏みにじったナチスを称賛することをけっしてみとめないという「戦う民主主義」の理念が根底にあるからである。

日本では、人種や宗教や性差などにかんする憎悪発言は、規制されてこなかった。

東京都議会で、ある男性議員が女性議員にセクハラ発言をしても、結局、頭を下げておわりである。もっとひどい発言をしても、不問に付されている。国会でもセクハラ発言があったが、ここでもおかまいなしである。

これでは、民主主義国家としては失格である。だから、国際連合からヘイトスピーチに法規制をおこなうような勧告をせまられる始末である。なんとも情けないことである。

（2）ヘイトスピーチに対する規制

国連人権委員会の勧告

２０１４年８月29日に国連人種差別撤廃委員会は、日本の人権状況にかんする最終見解を発表した。

人種差別撤廃委員会は、日本での在日韓国人などにたいするヘイトスピーチとよばれる人種差別的な街宣活動に懸念をしめし、差別をあおるすべての宣伝活動を禁止することを勧告した。

ヘイトスピーチについては、すでに７月24日に、国連人権規約委員会が、処罰規則の導入を勧告している。

人種差別撤廃委員会は、日本社会で韓国人や中国人への人種差別的な言動が広がっていることについて、現行刑法や民法でふせぐのはむずかしいとの認識をしめして、法的な整備をもとめた。

日本が、横行するヘイトスピーチについて国連から勧告や法整備をもとめられているのは、１９９５年に日本が「人種差別撤廃条約」に加盟したからである。

同条約は、加盟国が、原則として2年に一度、履行状況について委員会に報告し、審査をうけることを義務づけている。

日本政府は、履行状況の審査にさいして、アイヌ民族や難民の差別撤廃にむけた人権政策を自画自賛した。だが、ヘイトスピーチについては、ほとんど取り上げなかった。

もちろん、各国の委員は、日本政府が表現の自由を盾に、ヘイトスピーチの法規制を義務づけた同条約4条を留保していることを問題にした。

人種差別撤廃員会は、最終見解で、街宣活動やインターネット上での人種差別をあおる行為にたいする捜査や訴追が不十分だと指摘している。

そこで、同委員会は、
①街宣活動での差別行為への厳格な対応、
②ヘイトスピーチにかかわった個人や組織の訴追、
③ヘイトスピーチや憎悪を広めた政治家や公務員の処罰、
などを勧告した。

国会のデモ規制

自民党は、2014年8月28日に、ヘイトスピーチの規制策を検討するプロジェクトチームの初会合を開催した。

自民党の高市早苗政調会長（当時）は、国会周辺のデモや街宣について、「党本部でも議員会館でも（騒音で）仕事にならない」、「秩序ある表現の自由を守っていく観点から議論をすすめてほしい」ともとめた。

ドイツでも反原発のデモはすさまじいものであった。その国民の脱原発の力で、原発廃止に踏み切らざるをえなくなった。高市氏は、日本でも、このような事態になることを危惧したのかもしれない。

自民党の石破茂氏は、自民党幹事長当時、国会周辺でのデモをテロ行為と同一視する発言をして、はげしい批判をあび、陳謝をせざるをえなかった。

ヘイトスピーチに法規制をかけよという国連の勧告を逆手にとって、政権への批判を封じ込めようというのは、なんとも姑息なやり方である。これでは、日本は、とうてい民主主義国家とはいえない。

政権批判を「封じ込める」方法はただひとつしかない。反対派に政権の政策を徹底的に説明し理解し、納得してもらうこと、あるいは、ある程度、反対派に歩み寄るような政策を作り上げることである。それが民主主義というものなのである。

ところが、2012年末の総選挙、13年夏の参議院選挙、14年末の総選挙で圧勝すると、自民党は、多数をカサに、反対派をねじふせている。安倍首相にいたっては、「私が最高責任者」だから、なんでもできるとまで国会で言い出す始末である。

なにをかいわんや、である。

まあ、自民党というのは、この程度の政党なのかもしれない。とはいえ、ヘイトスピーチの法規制をおこなうとともに、近隣諸国と友好関係を維持する政策をとらなければならない。

そこで、2015年5月に野党の民主、社民両党などが、不特定多数へのヘイトスピーチを禁止する「人種差別撤廃施策推進法案」を参議院に提出した（「東京新聞」2015年8月7日）。

この法案は、特定、不特定を問わず、人種や皮膚の色、民族などを理由とする差別的な取り扱いや言動を禁ずるものである。罰則規定はないが、国や地方自治体に差別防止の責務を負わせている。

ただし、成立はむずかしいようである。それは、表現の自由との兼ね合いから懸念する意見が強く、上川陽子法相（当時）もヘイトスピーチ対策は「現行法を適切に適用する」という従来の政府見解を繰り返すだけだったからである。

日本の人権意識は、この程度のものなのかもしれない。

2　安倍政権の集団的自衛権行使

（1）集団的自衛権とは

集団的自衛権の定義

「国連憲章」51条は、

「この憲章のいかなる規定も、国際連合加盟国に対して武力攻撃が発生した場合には、安全保障理事会が国際の平和及び安全の維持に必要な措置をとるまでの間、個別的又は集団的自衛の固有の権利を害するものではない」

と主権国家にたいして、個別的自衛権と集団的自衛権の行使をみとめている。

他国から武力攻撃をうけたときに、自分の国を守るために反撃するのが個別的自衛権である。これは、自分の身を自分で守るというのが、人間に本来そなわった固有の権利、すなわち自然権だからである。正当防衛という権利がみとめられているのはそのためである。これを国家にあてはめると個別的自衛権ということになる。

自国ではなく、同盟国など緊密な関係にある国が攻撃をうけたばあい、一緒に戦うという権利が集団的自衛権であるが、じつは、この概念が登場したのは、第二次大戦後のことである。

戦後、米ソ冷戦下で、アメリカや旧ソ連およびその友好国に攻められても、国連軍が出てくることはない。国連安全保障理事会で拒否権をもつアメリカや旧ソ連が、反対するにきまっているからである。

そこで、中南米諸国などが、友好国が外国から軍事攻撃をうけたばあい、軍事的にもお互いに助け合う必要性が出てきたという経緯からである。

従来の日本政府の公式見解

集団的自衛権についての、従来の日本政府の「憲法」解釈は、つぎのようなものであった。

国際法上、国家は、集団的自衛権、すなわち、自国と密接な関係にある外国に対する武力攻撃を、自国が直接攻撃されていないにもかかわらず、実力をもって阻止する権利を有しているものとされる。わが国が、国際法上、このような集団的自衛権を有していることは、主権国家である以上、当然であるが、憲法第9条のもとにおいて許容される自衛権の行使は、わが国を防衛するため必要最小限度の範囲にとどまるべきものと解しており、集団的自衛権を行使することはその範囲を超えるものであって、憲法上許されないと考えている。

このように、政府の従来の解釈は、「日本国憲法」9条において、集団的自衛権を有しているが、行使できないというものであった。

(2) 戦力と実力

戦争放棄の内実

世界のどこの国の「憲法」も、侵略戦争などみとめてはいない。とうぜんのことである。歴史的かつ客観的に正しい定義かはともかくとして、「国連憲章」にあるように、みとめられているのは、個別的自衛権と集団的自衛権・集団的安全保障の行使である。

しかしながら、「日本国憲法」9条では、「戦争放棄」「戦力の不保持」「交戦権の否認」が規定されている。

したがって、「戦争放棄」というのは、侵略戦争の放棄と集団的自衛権・集団的安全保障の行使の禁止であると解釈されてきた。

実力の定義

政府の見解は、自衛隊と自衛についてつぎのように解釈しているといわれている（伊藤真「憲法問題」ＰＨＰ新書、２０１３年）。

政府の見解は、戦争を放棄しているものの、自衛権は有しており、自衛隊という「実力部隊」が自衛するのは「実力行使」だというものである。

「憲法」で禁止された戦力ではなく、「実力」というのは、「自衛のために必要な最小限度の力」ということなのである。

「自衛のために必要な最小限度の力」というのは、

①わが国に急迫不正の侵害があること、

②侵害を排除するためにほかに適当な手段がないこと、

③必要最小限度の実力行使にとどまるべきこと、

である。

この三つの要件を超えて実力行使をおこなうと、「武力行使」すなわち「戦力」の行使となる。

こうした解釈にもとづいて、自衛隊は、攻撃用空母や長距離弾道ミサイルなどの軍備をもっていない。

このような「憲法」解釈からすれば、「国連憲章」42・43条に規定されている集団的安全保障にも参加することはできないということになる。

（3） 憲法違反と特定秘密保護法

「日本国憲法」の禁止する集団的自衛権

「憲法」9条でも、日本の自衛のために実力行使がみとめられている、という見解にもさまざまな批判や異論がある。

自衛隊そのものが、「憲法」違反であるというのも有力な考え方である。

ところが、「実力部隊」である自衛隊が、日本を守るために「実力行使」をするというのではなく、同盟国などのために「実力行使」することはできない。

それは、もはや「実力行使」ではなく、国際紛争の解決として「戦力」を行使することであって、「憲法」違反となってしまうからである。

したがって、集団的自衛権を行使するとか、国連のもとで集団的安全保障に参加するのであれば、「憲法」9条を改正（正確には改悪だろう）しなければならないのである。

ところが、安倍政権は、2014年6月22日が会期末の通常国会で、閣議決定による解釈改憲を断行すると宣言した。

「国家安全基本法」の見送り

「憲法」解釈を変更（解釈改憲）して集団的自衛権の容認を裏づけるには「国家安全基本法」

の制定が必要であるが、安倍首相はこの見送りをきめた。

もちろん、集団的自衛権を行使できるようにするという「国家安全基本法」は、まぎれもなく「憲法」違反にほかならない。

「憲法」違反を承知のうえで同法を制定しようというのは、2012年12月の総選挙での自民党の公約だったはずである。もし、同法の制定を見送るというのであれば、明白なる公約違反である。たとえ「詭弁」であるとしても筋をきっちりととおすべきである。

同法は、ナチス期の「全権委任法」とおなじように、「憲法」をないがしろにするものとの批判をさけるためなのであろうか。そんなことはないだろう。

解釈改憲によって、自衛隊の行動などをさだめた「自衛隊法」や有事のさいの「周辺事態法」など関連する個別法の「改正」をおこなうのが、手っ取り早いと考えたのかもしれない。

集団的自衛権の行使は、「憲法」違反なので、自動的に、「自衛隊法」や「周辺事態法」なども「憲法」違反ということになるであろう。もしも、そうなれば、違憲訴訟が提起されることはまちがいない。

もしも、最高裁判所が合憲判決を出せば、「自衛隊法」や「周辺事態法」が「憲法」の「上位法規」となってしまうであろう。最高裁は、統治行為論をふりかざして、「憲法」判断を回避することもありうる。

失礼ながら、日本銀行ばかりか、最高裁も、政府の「傘下」におかれているのでは、と勘繰りたくようなことが多いからである。

もしも、そうなれば、ナチス期のドイツのように、民主主義が完全に崩壊してしまう。その帰結は、侵略戦争であったことをわれわれは想起しなければならない。

ところが、ヒトラーですら、麻生副総理のいうように、ドサクサにまぎれてではなく、強引であったとしても形式的には「憲法」の事実上の改正である「全権委任法」を議会の三分の二以上の賛成のもとで制定した。

ところが、安倍政権は、ヒトラーとは、次元のことなる暴挙に踏み切った。ドサクサにまぎれて、というより公然と「憲法」改悪をおこなったからである。ヒトラー以下の暴挙である。

安保法制では、現行「憲法」でも、政府が、国家の存立が脅かされ、国民の生命・自由・幸福追求の権利が根底から脅かされる明白な危険があると認定すれば、武力行使ができる。

政府の勝手な解釈で、日本は、世界中で戦争ができるようになったのである。まさに、ヒトラーのようにではなく、日本は、公然と、国民の大反対にもかかわらず、「憲法」を空文化したのである。

これでは、ヒトラー顔負けである。

軍事力強化への懸念

防衛省のシンクタンクである防衛研究所は、2014年4月4日に報告書「東アジア戦略の外観2014」を公表した。

安倍首相は、「わが国を取り巻く安全保障環境がいっそう厳しさを増している」として、20

13年度予算で11年ぶりに前年を上回る防衛費を計上し、14年度予算でも増額した。安倍首相は、中国や北朝鮮の脅威を強調して、軍事力の強化をはかっているが、このことは、軍拡競争をまねき、北東アジア情勢の悪化につながっていると報告書は、指摘している。

さらに、武器輸出を事実上解禁し、解釈改憲による集団的自衛権の行使などに突き進んでいる。

報告書は、「自国の安全を高める軍事力の増強が、他国にとっては脅威となり、対抗的な政策を引き起こ（し）……軍事的な緊張関係が高まり、北東アジアの安全保障環境の悪化を招いている」としている。

この報告書は、防衛省の公式見解ではないとはいえ、政府系の研究機関が首相の安全保障政策に懸念をしめすのは、きわめて異例のことである（「日本経済新聞」2014年4月5日）。

「特定秘密保護法」の施行

機密漏洩に厳罰を科す「特定秘密保護法」が、2014年12月6日に国会を通過し、15年12月10日に施行された。安倍首相は、同法を国民と国の安全を守るために不可欠だとして、制定をいそいできた。

政府によれば、核兵器やミサイル開発をおこなう北朝鮮、海洋進出と軍事力強化をはかる中国の台頭など、日本をめぐる安全保障環境がきびしくなってきているが、そうしたなかで、アメリカなどとの安全保障にかんする情報の共有がますます重要になってきているからであるという。

アメリカなどとの機密情報を保護しなければ、なかなか高度な情報を入手できなくなるからであるともいう。

そのために、特定秘密をあつかう公務員や契約企業の社員は、国籍などの家族の情報、精神疾患や治療歴などきびしく審査されるという。ところが、プライベートにかかわる部分まで審査することが、はたして必要なのかという疑問が出されている。

特定機密を漏洩した公務員や契約企業の社員は、10年以下の懲役に、共謀したり、そそのかしたりした人も5年以下の懲役となる。

同法は、「国民の知る権利の保障に資する報道又は取材の自由に十分に配慮しなければならない」としている。しかしながら、国民の知る権利が侵害されることはあきらかである。

ここで、言論の自由や国民の知る権利は侵害しないとして制定された戦前の「治安維持法」が、結局は、政府や軍部への批判を封じて、戦争に突き進んでいった歴史の教訓をしっかりと肝に銘じなければならない。

(4) 本格的な武器輸出

武器輸出三原則

安倍政権は、2014年5月1日の閣議で、武器や関連技術の海外への提供を原則禁止してきた武器輸出三原則を47年ぶりに全面的に見直して、輸出を容認する防衛装備移転三原則を決定した。

戦後、「憲法」の平和主義を実効あるものとするために日本は武器輸出をひかえてきた。

1967年に佐藤栄作首相（当時）が国会答弁で、

①共産圏、

②国連決議で武器輸出が禁止された国、

③国際紛争当事国かその恐れのある国、

などへの武器輸出を禁止することを表明したことで、武器輸出三原則が生まれた。

1976年には、三木武夫首相（当時）が国会答弁で、事実上の武器輸出の全面禁止を表明し、これが政府見解となった。

1983年には、当時の中曽根内閣の後藤田正晴官房長官が、アメリカむけの武器技術供与を三原則の例外とする方針をきめたとの談話を発表した。

その後は、必要が生じたばあいには、官房長官談話のかたちで例外対応をしてきた。

それまでは、政府統一見解によって、武器の輸出を禁止し、例外として、限定的に許可するというのが、政府の立場であった。

防衛装備移転三原則

従来の武器の輸出にきびしい制限をもうけてきた方針を抜本的にあらためて、一定の条件をみたせば、武器輸出をみとめる大幅な制限緩和をしたのが、防衛装備移転三原則である。

２０１４年５月１日に閣議決定された防衛装備移転三原則というのは、つぎのとおりである。

［原則１］　国連安全保障理事会の決議に違反する国や、紛争当事国には輸出しない。

［原則２］　輸出をみとめるばあいを限定して、厳格に審査する。

それは、①国際的な平和貢献に役立つ、②日本の安全保障に資するばあいである。

［原則３］　輸出は、目的外使用や第三国移転について、適正管理が確保されるばあいにかぎる。

一定の審査をとおれば、武器輸出が可能となるが、重要な案件は、国家安全保障会議（日本版ＮＳＣとよばれる）が非公開で最終判断をすることになっている。

この新原則では、武器輸出に歯止めがかからなくなるという懸念が出されている。

防衛装備移転三原則による武器輸出の解禁は、集団的自衛権の行使容認にむけ、アメリカなど友好国との共同開発や技術協力で軍事的な連携を強めるねらいもあるといわれている（「東京新聞」２０１４年４月２日）。

安倍首相は就任早々、アメリカなどと機密情報を密接に交換するために、日本版ＮＳＣを新設し、情報漏洩にたいする罰則を強化する「特定秘密法」も制定した。

防衛装備移転三原則は、こうした一連の軍事戦略・国際戦略の一環なのであろう。

平和国家から「死の商人」国家へ

安倍政権には成長戦略がないといわれる。というよりも、世界史の現段階で、経済を安定的に成長させる戦略の構築など不可能なのである。だから、成長戦略を発表しても、マーケットは歯牙にもかけてくれなかった。

そうした、おりもおり、防衛産業で構成する経団連の防衛生産委員会は、２０１４年2月に武器輸出三原則を大幅に緩和するように自民党に提言した。この委員会は、三菱重工業や川崎重工業など約60社で構成されている。

武器というのは、きわめて高い技術が必要とされ、日本にとって、有力な輸出品である。しかし、法的根拠もなく、わけのわからない武器輸出三原則で、せっかくの輸出増加が阻害されているとかんがえる関係者が多かったのであろう。

もちろん、武器輸出で稼ぐというのは、まさに「死の商人」であり、「憲法」９条を有する平和国家日本の名がすたるというものである。

経済と株価が比較的好調であれば安倍政権の支持率は高い。高い支持率を維持するために、安倍政権は、武器輸出による「成長戦略」に大きく舵を切ったのであろう。

日本の防衛産業の市場規模は、１兆６０００億円程度であるが、全世界の規模は40兆円以上である。武器輸出が解禁されたことで、防衛産業の輸出が拡大し、武器などの国際共同開発にも参加することができる。

たしかに、日本の防衛産業は、防衛省からの受注に依存してきた。だから、制服組を中心に防衛省からの天下りも多数受け入れている。もちろん、受け入れているのは、現役時の階級で将官や一佐クラスが中心である。

これからの防衛産業にせまられているのは、国際競争力を高めることである。

官民癒着では、国際競争力を高めることはむずかしい。したがって、どんどん武器を外国に輸出できるようになるというのは、幻想である。それでも、潜水艦や救難飛行艇など、世界がほしがる軍需品も多い。

もしかしたら、安倍政権は、金融ビッグバンのように、国際市場に打って出ることにより、日本の防衛産業に徹底的な競争原理を機能させ、国際競争力を高めようとしているのかもしれない。

私は、けっして賛成しないが、それはそれとして「正しい」政策である。

日本の防衛企業が、世界の防衛需要の1割を獲得できれば、じつに年4兆円の輸出となる。GDPをなんと1%ちかく引き上げることができる。輸出が増えるので、貿易赤字が減少し、GDP成長にも大いに寄与する。

しかも、世界の武器市場を拡大するのはかんたんである。あちこちで、戦争の火の手が上がれば、大量の武器が売れるからである。

悲しいことであるが、戦争こそ、武器の大量消費機会である。しかしながら、その代償はきわめて大きい。

日本は、戦後死守してきた平和国家を投げ捨てて、「死の商人」国家になり下がるからである。

ドイツの武器輸出

1982年にドイツでは、武器輸出の「政治原則」がさだめられた。ここで、

①人権侵害などにもちいられる恐れがあるばあい、
②紛争やテロなどでつかわれる、あるいは再輸出されるリスクがあるばあい、
には、輸出をおこなわない、
③EU、NATOとそれに相当する国以外の第三国、
にたいしてはきびしく武器輸出規制を適用するとされた。

1991年の湾岸戦争にさいして、ドイツ企業がイラクにたいして、戦略物資を輸出していたことがあきらかになって、大問題となった。そこで、輸出管理体制が見直され、戦略物資の輸出規制が強化された。

2008年2月に採択されたEUの基準にもとづいて、ドイツは、武器輸出をおこなっている。

2005年にメルケル政権が登場すると、ドイツは、それまで武器輸出第三位の座をフランスから奪い取った。2008~12年の世界の武器輸出シェアは、じつに7・8%である（図表5、128頁、参照）。

2012年の世論調査によれば、ドイツ国民の約三分の二が武器輸出に反対しているという（ロイター、2014年7月26日）。それでも、高い品質と信頼性から、世界中でドイツ車が売れているように、戦車や銃器などがもとめられている。

安倍政権もドイツのように、7%以上のシェアをしめることができれば、GDPを数パーセント引き上げることができると考えているのかもしれない。

ドイツは、国民の圧倒的多数の反対を押し切って武器輸出をおこなってきている。このことを日本は、反面教師として受け入れなければならない。

「人殺し兵器」を大規模に輸出してまで、「強い経済」を作ってくれという国民が、日本やドイツに何人いるというのか。

（5）集団的自衛権の行使容認へ

閣議決定で解釈改憲

2014年5月15日に首相の私的諮問機関である「安全保障の法的基盤の再構築に関する懇談会（安保法制懇）」が、集団的自衛権の行使容認などをもとめる報告書を安倍首相に提出した。安保法制懇の報告書の提出をうけて、安倍首相が記者会見をおこなって、つぎのように語った。

報告書は、国連の集団安全保障措置への参加など、国際法上、合法な活動に「憲法」上の制約がないとしているが、「憲法」がこうした活動のすべてを許しているとは考えない。自衛隊が武力行使を目的として、湾岸戦争やイラク戦争での戦闘に参加するようなことは、これからもけっしてない。

わが国の安全に重大な影響をおよぼす可能性があるとき、限定的に集団的自衛権を行使することは許されるという考え方については、与党協議にはいりたい。

「憲法」の前文と第13条（生命、自由、幸福追求の最大の尊重）の趣旨を踏まえれば、自国の平和と安全を維持し、その存立をまっとうするために必要な自衛の措置をとることは禁じられていない。

そのための必要最小限度の武力の行使は許容される。

与党協議の結果、解釈の変更が必要と判断されれば、改正すべき法制の基本的方向を閣議決定する。

安倍首相はこのようにのべた。そして、２０１４年５月20日から与党協議が開始され、ついに、７月１日、安倍政権は、現行「憲法」下でも集団的自衛権の「限定的」な行使が容認されているという閣議決定を強行した。

安全保障法制の整備

２０１５年５月11日に、現行「憲法」下でも集団的自衛権の行使が可能とする安全保障法制にかんする与党協議で、10本の現行法をまとめた「平和安全法整備法案」と外国の軍隊の支援のために、随時、自衛隊の派遣を可能にする新法「国際平和支援法案」の全条文に最終合意した。

このふたつの法案は、「安全保障関連法案（安保法案）」とよばれた。

「安保法案」は、２０１５年５月14日に閣議決定され、国会に上程された。

「武力攻撃事態法改正案」は、「我が国と密接な関係にある他国に対する武力攻撃が発生し、これにより我が国の存立が脅かされ、国民の生命、自由及び幸福追求の権利が根底から覆される明白な危険がある事態」を「存立危機事態」と規定した。

「自衛隊法改正案」に「存立危機事態」のばあいには、武力行使ができると規定され、集団的自衛権の行使について容認している。

「安保法案」は、２０１５年７月16日に衆議院本会議で強行採決され、９月19日未明に参議院本会議でも強行採決された。

3　安倍首相の外交感覚

（1）「悲願」の靖国参拝

靖国参拝の強行

首相就任１周年となる２０１３年12月26日、安倍氏は、ついに悲願の靖国神社参拝を強行した。第一次安倍内閣のときに、靖国参拝ができなかったことが、「痛恨の極み」だったからだという。

じつは、アメリカは、事前に安倍首相の靖国参拝を牽制していた。

直前の10月30日に、米国務長官と国防長官が来日したさいに、靖国神社ではなく、わざわざ千鳥ヶ淵の戦没者墓苑を参拝していた。この墓地には、身元のわからない戦没者が葬られている。ところが、侵略戦争を指導・遂行したA級戦犯と、国家によって「赤紙（召集令状）」一枚で無理やり徴兵された兵卒を一緒に祀っているのが靖国神社である。

職業軍人ではない兵卒たる無名戦士を祀り、非戦を誓うのが無名戦士の墓である。諸外国では、外国の要人などは無名戦士の墓にお参りする。

ただし、ドイツでは、ナチス戦犯が祀られていた墓に外国要人がお参りするのはおかしいということで、無名戦士の墓があらたに建立されたという経緯がある。

日本も国民が非戦の誓いをし、外国の要人がお参りするために、靖国神社がA級戦犯を分祀するか、それができないのであれば、ドイツのように、無名戦士の墓を建立すべきである。

しかしながら、それはむずかしいかもしれない。

というのは、日本では、A級戦犯も無名戦士も前世の所業にかかわらず、亡くなるとひとしく仏様になる、すなわち成仏するからであろう。

もちろん、それだけではない。もし、そのようにすれば、日本が侵略戦争をみとめたことになってしまい、中国や韓国に謝罪しつづけなければならないからであろう。

安倍首相などは、先の戦争は侵略戦争ではないという立場をとっている。なにを根拠にしているかは不明であるが、侵略戦争についての明確な定義もないという。

侵略戦争というのは、侵入を拒否する他国に武力でむりやり攻め込んで、そこで政治的・経済的、ときには文化的に支配し、ひとびとを酷使し、資源や富を略奪することである。

安倍首相の頭のなかでは、侵略戦争には定義がない、だから、日本は、外国を侵略したことはない、そうなのであるから、靖国神社を堂々と参拝できるということになるのであろう。

こんな屁理屈が世界に通用するかどうか、すぐにわかりそうなものなのに。

さらに、これは、「いかなる宗教団体も、国から特権を受け」てはならない、国は、「いかなる宗教活動もしてはならない」という「憲法」20条に違反するかもしれない。

よしんば、最高裁判所が合憲としても、「憲法」の精神を踏みにじる行為にほかならない。

小泉純一郎元首相以来の現役首相の靖国参拝に、とうぜんのごとく中国と韓国は猛反発した。

ただ、安倍首相の誤算は、同盟国であるはずのアメリカからも「失望した」というコメントが出されたことであろう。アメリカは、靖国参拝をしないようにと、事前にメッセージを送っていたからである。なのに、なんで、ということなのであろう。

安部首相の当時の側近は、なんと、「失望した」というアメリカに「失望した」と怒りをあらわにした。安倍政権というのは、この程度の外交感覚なのである。

中韓に塩を送る

安倍首相は、就任以来、積極的に外国への訪問外交をおこなってきた。

アジアでは、安倍氏に強硬に反発する中国と韓国をのぞく国々をひんぱんに訪問してきた。中韓包囲網の構築である。しかしながら、安倍首相の靖国参拝を契機に中韓は反撃に転じた。

それまであまりにも露骨な反日を繰り広げる韓国大統領には、国際的な反発が出ていた。

中国は、日本に喧嘩を売るような防空識別圏の設定にたいして、アメリカなどからも批判されていた。

安倍氏が突っ張らなくても、中国と韓国は、国際的に孤立しつつあったのである。中韓が日本に歩み寄ってくるのは時間の問題であった。

だから、この中韓に事実上の「助け船」を出したのが、安倍氏の靖国参拝の強行だった。なんと、「敵」に塩を送ってしまったのである。

安倍氏の外交「音痴」のなせるワザだったのかもしれない。

日本国民の誇りと日本の国益をなんとしても守る重責を担っているが日本国内閣総理大臣のはずである。これでは、安倍氏が総理大臣失格だといわれてもしかたない。

従来であれば、現役首相が靖国参拝を強行すれば、中韓では、すさまじい反日デモが燃え広がった。ところが、安倍首相の靖国参拝にさいして、とくに中国の対応が奇妙なほど「冷静」であった。それは、中国政府が反日デモを抑え込んだからであろう。

もちろん、中国は、反日デモが、反共産党デモに飛び火するのを回避しなければならないという事情があった。共産党支配と党官僚の汚職にたいする中国国民の怒りには、すさまじいものがあるからである。

もしかしたら、アメリカばかりか、ヨーロッパからも靖国参拝への批判が噴出したので、中国がさわぐ必要がないと判断したのかもしれない。

日本というのは、侵略戦争を反省しないばかりか、正当化するような国、近隣諸国と互恵関係を踏みつぶすような国、という国際世論を醸成しようとしたのかもしれない。

したたかな中国の国際戦略

異常ともいえる高度経済成長がほぼ終息し、バブル崩壊恐慌にみまわれつつある中国は、軍備の拡張とアジアのマーケットの独占的獲得という成長戦略を構築しているようにおもわれる。

もしそうであれば、それはそれとして、正しくはないが、まちがってはいない。

もちろん、経済政策の王道は、軍備の縮小と経済・賃金・地域格差の是正、福祉の充実などによる安定した内需拡大型経済システムの構築である。だが、共産党一党支配下では不可能である。社会主義・共産主義の「崇高な理念」は、どこにいってしまったのか。

中国では、反政府抗議行動がはげしくなっているが、武力だけで、それを鎮静化させることはできない。ましてや、天安門事件のように、はげしい弾圧をすると国際世論がゆるさない。

圧倒的多数のひとびとが立ち上がると、いくら中国共産党の軍隊といえども人民解放軍は、庶民に銃口をむけることはできなくなってしまう。

したがって、中国は、経済を成長させて、国民の生活水準を引き上げるしかない。もちろん、経済を成長させるとますます格差が拡大する。これが中国の深刻なジレンマである。

そのため、政権基盤が弱いといわれる習近平政権は、一方的な主張であるとしても、中国の「核心的利益」である尖閣諸島、南シナ海での理不尽な「領有権」をなんとしても確保しなければならない。

ここで、妥協したり、退いたりすれば、習政権は、崩壊の危機におちいる。

２０１４年10月には、中国の密漁船が大挙して、小笠原・伊豆諸島に押し寄せてきた。これは、密猟に名を借りて日本の、海洋警護のレベルを調査しているのだ、という専門家もいる。たしかに、海上保安庁は、数百隻の密漁船に手を焼いているようにみえた。

さらに、習政権は、党官僚の汚職撲滅を徹底的に実行している。最高幹部である共産党中央委員会常務委員経験者の汚職は摘発しないという不文律があるにもかかわらず、なんと常務委員経験者を摘発した。

党官僚による汚職には、国民からすさまじい批判があびせられている。汚職も何百億円、何千億円、何兆円と日本では、考えられない規模である。この汚職摘発に庶民は拍手喝采している。政権基盤が弱いといわれてきた習政権は、汚職摘発を契機に政権基盤を盤石なものにしようとしているようにみえる。これは、とりもなおさず政敵の排除・追放にほかならないからである。

この中国がとっている国際戦略と内政の本質を見抜いて、慎重な対応をしなければ、日本の国益がおおきく損なわれる可能性がある。

（2）ロシアと北朝鮮への接近

ロシアへの接近

安倍首相に、北方領土の返還を実現して、歴史に名をのこそうという野望があるかどうかはさだかではないが、総理大臣就任以来、ロシアのプーチン大統領と何度も会談をおこなってきた。

プーチン大統領が、北方領土では、日本とロシアは「引き分け」だといったので、少なくとも半分は返還されるだろうという淡い期待をいだいたのかもしれない。２島といえども返ってきたではないかという、キャンペーンをはることができるからである。

安倍首相は、２０１４年2月にロシアのソチで開催された冬季オリンピックの開会式に出席した。ロシアの人権侵害に抗議して、欧米諸国の首脳が軒並みボイコットしたにもかかわらず、である。

ソチ五輪成功をまっていたかのように、プーチン大統領は、今度は、２０１４年3月18日にウクライナ南部のクリミア半島のロシアへの編入を強行した。ロシアでのプーチン氏の支持率は跳ね上がった。

もちろん、アメリカと欧米諸国は、対抗措置として、経済制裁を発動した。ロシアと緊密な経済関係を有するドイツは、制裁に消極的であったが、同調した。ところが、である。

安倍政権は、制裁に消極的な姿勢をしめし、欧米諸国の不信をかった。

さすがに、欧米の制裁措置に同調せざるをえなくなったが、今度は、ロシア側から揺さぶりをかけられている。

欧米の制裁にたいして、ロシアも報復の制裁措置をとった。ところが、日本には、制裁を適用しないという、分断工作をおこなってきた。

ロシアは、ウクライナを西側にわたさないために、ロシア人が多く住んでいる地域の親ロシア派に武器・弾薬を提供している。

なんとしても、ウクライナに影響力を行使するために、2015年2月12日に二度目の停戦合意にいたったにもかかわらず、戦闘は本格的には終結していない。

「国際法」違反国家にたいして、毅然とした態度もとれない安倍政権というのは、なんとも情けないかぎりである。

日本を翻弄する北朝鮮

北朝鮮の拉致問題では、2014年7月に北朝鮮側が本格的に調査することを約束したということで、一部の制裁を解除した。なんにも解決していないのに、調べるというだけなのに、である。

さすがに、北朝鮮の核開発にたいして制裁を科しているアメリカなどから不満が出された。

第一次調査結果は、夏から秋にかけて報告するということのようであったが、まったく、出てこなかった。

あげくのはてに、調査の詳細について知りたければ、ピョンヤンまでこいといわれる始末である。盗人猛々しいという言葉はあるが、さしずめ、誘拐犯猛々しいというところだろう。

ところが、2014年10月には、外務省アジア太平洋局長がノコノコとピョンヤンまで出かけていった。調査委員会の委員長という北朝鮮で序列が千何番目という将軍様への「お目見え以下」の少将が応対した。

もちろん、委員長がはじめて出てきたことに意義があるという評論家もいた。しかし、調査委員会は、急ごしらえの建物にあったという。会談場所は、委員長あたりの部屋であった。日本国の誇りはどこにいったという批判も噴出した。

多額の身代金を支払ったら、拉致被害者を引き渡すといわんばかりである。その後、拉致問題については、まったくといっていいほど進展していない。

安倍政権の外交感覚・国際感覚には、なにからなにまで、クビをかしげたくなるようなことが多い。

1年経過した2015年7月には、北朝鮮から調査結果を先延ばしするという通告をうけても、日本政府はなにもできなかった。

(3) テロとの戦い

日本人の犠牲

アメリカの2003年3月のイラク侵攻で中東の微妙な権力バランスがくずれ、アラブの春で民主化の嵐が吹き荒れた。

だが、中東諸国に欧米型の民主主義が根付くことはない。政治が混乱している国が多い。

こうした混乱に乗じて、IS（イスラム国と自称）というテロリスト集団が、イラク・シリアにまたがる地域を占拠している。このテロリスト集団は、欧米・アジアなどから戦闘員をあつめ、残虐非道なテロをおこなっている。

このISに2015年1月、ふたりの日本人が人質として拘束された。ほぼ同時期、安倍首相が中東諸国を訪問し、ISと戦う国々に2億ドルの支援をおこなうことを約束した。

エジプトでは、「イスラム国のもたらす脅威を食い止めるため」と発言した。

そうするとISは、日本も有志連合にくわわったとして、テロの標的にすると宣言した。

じつは、このふたりは、2014年の夏と秋にすでに拘束されていた。

安倍政権は、ふたりが拘束されていることを事前に察知していたにもかかわらず、人質解放交渉を十分にできなかったようである。身代金を要求されたが、支払えば、テロに屈したとして世界中から袋叩きにあうからであろう。

だが、いい方法かはともかく、水面下で身代金を支払って、人質を救出し、公式にはそれを否定するということもよくあることである。

安倍首相によるISと戦う国への支援表明をまっていたかのように、支援額とおなじ2億ドルの人質の身代金を要求してきた。

安倍政権は、テロには屈しないとして、身代金の支払いをはねつけた。そうすると、ひとりが殺害された。

日本政府は、ヨルダンの日本大使館に現地対策本部を設置して、人質救出にあたった。今度は、ISは、ヨルダンの刑務所に死刑囚として収監されているISの捕虜と日本人人質の交換を要求してきた。

ヨルダンと日本は親密な関係にあるとはいえ、自国で自爆テロをおこなった共犯である死刑囚を日本人の人質と交換で釈放することなど、絶対にありえないことである。ヨルダン国民が納得などするはずもない。

ＩＳは、そのことを承知でわざと交換を要求してきたのである。

ヨルダン政府は、戦闘機の故障でとらわれているヨルダン人パイロットと拘束されている日本人人質との交換で、死刑囚の釈放をすることをＩＳ側に提案した。

もちろん、ＩＳは、そんなことを要求していなかった。

安倍政権は、官邸も現地対策本部も、テロには屈しないという覚悟で、交渉にあたったという。しかし、実際に交渉にあたったのは、ヨルダン政府であったが、もっぱら自国のパイロットの解放の交渉をおこなっていただけのようである。

自国民を守るのが国家なので、とうぜんのことである。

安倍政権は、ヨルダン政府によるＩＳとの交渉を見守るしかなかったのであろう。

ところが、安倍政権は、日本人の救出のために全力を尽くしているという姿勢をみせる必要があったので、ひんぱんに会議を開くとか、官房長官や外務大臣は、テレビ放映されている国会の審議をわざわざ中座した。実際にはやることがなかったのに、である。

結局、ＩＳの要求した期限がきて、ふたりめの日本人が殺害された。

安倍政権は、この人質事件を「政争の具にするな」とか「テロリストを利するな」とか「人命がかかっている」とかいって、政権批判を封じた。

この事件は、「特定秘密保護法」の対象となるのだろうか。もし、この一連の人質解放交渉の経緯を特定秘密として保護しなければ、安倍政権が人質解放のためにほとんどなにもできなかったということが、白日の下にさらされてしまう。

少し前、大臣直属のある検証委員をおおせつかり、官庁の内部文書をみる機会があった。守秘義務が課せられているので、内容は公表できないが、ある決定にあたって、あまり上等な議論をしていないということがよくわかった。現在であれば、「特定秘密」であろう。バラされたらある官庁が大恥をかくだけである。

邦人救出に自衛隊？

このＩＳによる日本人人質事件というのは悲しい事件であるが、安倍政権は、この事件を集団的自衛権行使のための安全保障法制に利用しようとしたのではないかという疑念が出てくる（「東京新聞」２０１５年1月28日）。

だから、わざとエジプトでＩＳを挑発するような発言をしたのでは、という見方も出た。

安倍首相は、ひとりの日本人人質が殺害されたとみられる写真が公開された翌日の２０１５年1月25日のＮＨＫの日曜討論でつぎのように発言している。

「このように海外で邦人が危害にあったとき、その邦人を自衛隊が救出するため、（現行法では）自衛隊がもてる能力を十分に生かすことはできない。そうした法制もふくめて、今回、法整備をすすめる」

２０１４年７月の集団的自衛権行使容認の閣議決定では、自衛隊の海外での武器使用について、「多くの日本人が海外で活躍し、テロなどの緊急事態に巻き込まれる可能性がある中で、当該領域国の受け入れの用意がある場合、武器使用を伴う在外邦人の救出に対応できるようにする必要がある」と規定されている。

さらに、安倍首相は、ＮＨＫの日曜討論で、「イスラム国」への空爆など、国連決議にもとづかない有志国連合による軍事行動について、自衛隊の「後方支援は武力行使ではないので国連決議がある場合、そうでない場合でも、憲法上可能」とものべている。

２０１４年７月の閣議決定は、それまで「テロ対策特措法」では、自衛隊の活動地域を非戦闘地域に限定されていたものを、「現に戦闘が行われている現場」以外に拡大した。

自衛隊が活動中に戦闘がはじまれば、自衛隊は武力行使する。

安倍首相は、ＩＳによる人質事件を契機に、自衛隊の海外での軍事活動の拡大・強化をもくろんでいたようにおもわれる。

もしかしたら、安倍首相は、２０１５年のゴールデンウィークあけにもはじまるといわれていた集団的自衛権行使容認の安全保障法制の整備に、この人質事件を「利用」できると踏んだのかもしれない、ともいわれた。

世界ではテロが多発している、これから邦人がますますテロにあうであろう。

だから、自衛隊に邦人救出のために出動させ、武器使用をみとめるように法改正しなければならないと主張した。国民の命を守るのが国家だという理屈からも主張した。

米軍特殊部隊は、2014年8月にISに拘束されたジャーナリスト救出作戦を実行した。ヘリコプターからパラシュートで降下して、IS戦闘員と銃撃戦となったが、人質を発見できず、翌日、殺害映像が公開された。

世界断トツの軍事力を有するアメリカでもむずかしいことを自衛隊の任務にくわえるべく法改正し、集団的自衛権行使容認のための安全保障法制の全面的整備の突破口にするなど、とうていゆるされることではない。

(4) 安倍首相の戦後70年談話

戦後70年談話

2015年8月14日、安倍首相は、戦後70年談話を閣議決定し、発表した。

1995年の当時の村山富市首相による戦後50年談話、2005年の当時の小泉純一郎首相による60年談話では、植民地支配、侵略、痛切な反省、おわび、というキーワードが盛り込まれていた。

しかし、戦後レジュームからの脱却をかかげる安倍首相は、歴代内閣の立場を全体として継承するものの、おわびをするばかりではなく、未来志向の談話にすると明言していた。

そのため、中国や韓国ばかりか、アメリカまでも、これらのキーワードをいれた70年談話になるかどうか注目していた。

談話では、つぎのようにのべられている。

「事変、侵略、戦争。いかなる武力の行使も、国際紛争を解決する手段としては、もう二度と用いてはならない」

「植民地支配から永遠に決別し、すべての民族の自決の権利が尊重される世界にしなければならない」

「わが国は、先の大戦における行いについて、繰り返し、痛切な反省と心からのおわびの気持ちを表明してきました」

このように、70年談話には、四つのキーワードが網羅されている。

したがって、中国からも韓国からもはげしい批判が出されなかったし、アメリカなどからは好意的なコメントがよせられた。

おかげで、下がり気味だった安倍政権の内閣支持率も、7月の37・7%から8月15・16日には43・2%に上昇した（「東京新聞」2015年8月16日）。

70年談話を評価するという回答は44・2%で、評価しないは37・0%で、評価する意見が上回った。

おわびはしたのか

諸外国にも、日本国民にも、ある程度評価されたこの70年談話のレトリックは、じつにみごとなものである。「官僚文学」の最高傑作かもしれない。

当初、安倍首相は、おわびという言葉をいれることには、慎重な態度をとっていたが、ふたを開けてみるとおわびもふくめて四つすべてはいっているからであろう。

ところが、よくみてみると、安倍首相の言葉では語られていないことがわかる。

すなわち、この四つのキーワードが出てきたあとに、「こうした歴代内閣の立場は、今後もゆるぎないものであります」と村山氏や小泉氏に語らせているのである。

村山談話は、「植民地支配と侵略によって、……アジア諸国の人々に多大の損害と苦痛を与えました。……ここにあらためて痛切な反省の意を表し、心からおわびの気持ちを表明いたします。」と、村山元首相みずから総理大臣としておわびをしている。

天皇陛下は、8月15日の戦没者追悼式において、「ここに過去を顧み、先の大戦に対する深い反省とともに、今後、戦争の惨禍が再び繰り返されぬことを切に願い、……世界の平和と我が国の発展を祈ります」と陛下ご自身のお言葉をのべられている。

謝罪の「終了」

私も安倍首相の記者会見を聞いたが、そのみごとなレトリックに驚嘆するとともに、ワイツゼッカー演説にある文言を思い出した。当日、記者からも、同演説を念頭においたものかという質問が出された。

それはつぎのような文言である。

「日本では、戦後生まれの世代が、今や、人口の8割を超えています。あの戦争には何ら関わりのない、私たちの子や孫、そしてその先の世代の子どもたちに、謝罪を続ける宿命を背負わせてはいけません」

もちろん、つづいて、「それでもなお、私たち日本人は、世代を超えて、過去の歴史に真正面から向き合わなければなりません」とのべられているが、これは、歴史の事実としてとらえるということであって、真摯に謝罪するということではない。

おなじような文言がワイツゼッカー演説に出てくる。

「今日の人口の大部分はあの当時子どもだったか、まだ生まれてもいませんでした。この人たちは自ら手を下していない行為について自らの罪を告白することはできません。……老幼いずれを問わず、われわれ全員が過去を引き受けねばなりません」（リヒャルト・フォン・ヴァイツゼッカー著、永井清彦訳「新版　荒れ野の40年」岩波書店、２００９年）

ワイツゼッカー演説は、過去と向き合うことの重要性をのべているのであって、若いひとも謝罪をつづけなければならないとはいってない。

安倍談話は、おわびは、小泉談話で終わりだという宣言のようによみとれる。

日本は、村山談話にあるように、「わが国は、遠くない過去の一時期、国策を誤り」、侵略戦争への道をあゆみ、多大の損害と苦痛をあたえた。

損害と苦痛をあたえたほうは、いまや世界屈指の「経済大国」となっているのだから、そろそろ謝罪はいいだろうとなる。しかし、あたえられたほうは、損害と苦痛は忘れられるものではない。

したがって、これからも国家として、東アジア諸国にたいする侵略について真摯に謝罪しつづけなければならないとおもう。

ワイツゼッカー演説にあるように、「だれもが過去からの帰結に関わり合っており、過去に対する責任を負わされて」いるからである。

第 7 章

日本の完全復活の処方箋

1　現状の日本経済

（1）日本とドイツの構造改革

格差のない日本

戦後の日本は、財閥解体と農地解放により、いわゆる資本家も大地主もいなくなり、「一億中流社会」が登場した。

アメリカの最先端の重化学工業が日本に導入されることで、日本は、高度経済成長を実現することができた。日本的経営といわれる終身雇用制、年功序列賃金などは、「労使協調」によって、高度経済成長が達成されたことで可能となった。

日本的経営の三番目の企業別組合は、欧米とおおいにことなるところであるが、会社が利益を上げなければ賃上げも、労働条件の改善もできないといわれて、労働者・従業員を会社の意向にそって働かせるのに役立った。

ところが、１９９０年代初頭に資産（不動産）バブルが崩壊し、平成大不況におちいると状況は一変する。

すなわち、終身雇用制、年功序列賃金など流暢なことをつづけていたら、会社そのものが、倒産してしまうような深刻な事態にいたってしまったのである。

それでも、日本の労働法制下では、経営状態がよくないからといって、正社員である正規雇用者をアメリカのように、どんどんクビ切ることはできない。そこで、派遣労働、パート、アルバイトなどの非正規雇用者が大量に採用されるようになった。

非正規雇用化がはげしくなったのは、２００１年に登場し、いわゆる経済構造改革によって、経済成長を推進しようとした当時の小泉純一郎政権のときであった。

小泉政権は、民営化の徹底、規制緩和・撤廃による企業の収益機会の拡大、大企業と高額所得者の減税、消費税率の引き上げをのぞく庶民への増税、製造業への派遣労働の認可をはじめとする非正規雇用のさらなる拡大、などを強力に推し進めた。

その結果、経済・賃金格差が絶望的に広がっていった。日本でデフレがはげしくなったのは、そのためでもあった。

しかし、安倍政権は、経済・賃金格差の是正をおこなうことなど、さらさら考えていないようである。むしろ、消費税率を引き上げる半面で法人税を減税し、日銀に異次元緩和をおこなわせることで、インフレによる大衆「課税」をもくろんでいるかのようである。

法人税減税などにより、大企業の収益を増やす政策を遂行している。しかも、円安誘導で、輸出大企業は、膨大な為替差益を享受している。

安倍政権は、大企業が収益を拡大すれば、それが中小企業や労働者などに「滴り落ちて」景気が高揚するという、「トリクルダウン」という破綻した議論をふりかざしてきた。

個人消費を増やすため、首相みずから経済界に乗り込んで賃上げをせまる始末である。

古典派経済学や新古典派経済学でなくても、国家が企業経営に口出ししてはいけない。もし、それがゆるされるのであれば、企業経営が悪化したときに、国家が企業に救済資金などを提供するということになるからである。

輸出大企業は、円安でしこたまもうけさせていただいて、しかも儲けにかかる税金をまけてもらえるので、ほんの一部の業績の良好な企業が賃上げをおこなっている。だから、実質賃金はずっとマイナスだった。

こんなことでは、日本経済の本格的復活、強い経済の実現など、夢のまた夢である。

ドイツの構造改革と社会的市場経済

シュレーダー元首相もまた、「強者を利し、弱者に厳しい政治家」であったといわれている（熊谷徹、前掲書）。

メルケル首相は、２０１３年の連邦議会選挙直前におこなったドイツの高級紙「フランクフルター・アルゲマイネ」紙とのインタビューで、「抜本的な改革をおこなうことで、ドイツがヨーロッパでの原動力、安定性の基盤となっている」とのべている。

前政権が断行したにもかかわらず、メルケル首相は、自分の業績にすり替えたのである。

シュレーダー改革が、経済・賃金格差を拡大させたことは事実である。

したがって、２０１３年12月にＣＤＵ・ＣＳＵと社会民主党（ＳＰＤ）の大連立政権（第三次メルケル政権）が成立すると、社会的市場経済原理を逸脱しないように、シュレーダー改革がいくつか変更された。

メルケル政権は、2015年から最低賃金を時給8・5ユーロ（1150円）に引き上げるとともに、公的年金もかさ上げした。

さらに、1992年以前に生まれた子どもをもつ900万人の母親の年金支給額を引き上げることを宣言した。こうした措置により、公的年金は、約65億ユーロ（約8840億円）も増えることになった。

SPDの主張していた「45年以上働いた人には、支給額を減らさずに63歳から公的年金を受け取れるようにするべきだ」という要求もみとめた。

病気やけがのためにフルタイムで働けなくなったひとや、低所得層の市民の年金支給額も増加された。

派遣労働にたいする規制も強化され、労働条件が少しは向上していくものとおもわれる。

このように、ドイツは、経済構造改革で景気が高揚し、財政赤字が減少してきたので、社会的市場経済原理にもとづいた経済政策に少しはもどりつつある。保守党政権といえども、社会的市場経済原理というドイツの経済理念をないがしろにはできないのであろう。

じつは、それが可能なのは、ドイツがヨーロッパの統合に参加してきたからである。私が、日本はアジアの経済統合の実現に真剣に取り組まなければならない、というのはそのためでもある。もちろん、安倍政権下では、それは絶望的であろうが。

安倍政権も、法人税減税などをおこなうのではなく、財政の無駄遣いを減らして、経済・賃金・地域格差の是正に取り組む必要がある。

（2）深刻化する貿易赤字

企業の海外進出

これまでの円高で、しかもデフレ不況下で、多くの輸出企業が大挙して海外に進出（ほんとうは逃避）した。海外進出した日本企業は、生産物を逆に日本に輸出している。昨今、日本の完成品の輸入が増えているのはそのためでもある。

平成大不況下の日本では売れなかったので、日本で生産して海外に大量に輸出しても、結局は、貿易黒字が膨れ上がって、かえって円高が高進してしまうことになる。

日本では売れないのに、円高で大損するというのであれば、海外での生産に踏み切るのは、企業の行動としては、あたりまえのことである。

日本の経済成長のために、国内でがんばって輸出を増やすなどという企業経営者は、意図的に会社に損害をあたえたとして、株主代表訴訟にあうことは必定である。

利潤追求をしなければ倒産してしまう企業にとって、国境というのは、まったく存在しない。最大限の利益を獲得できるのであれば、世界中のどこにでも出かけていくのが資本である。

政府がそれを阻止するのであれば、法規制を強化するしかないが、そうしたら、ほとんどの企業は、日本から出ていってしまう。

１９９０年代以降、輸出大企業が下請け中小企業の一部も引き連れて軒並み海外に出ていったので、本来、日本から輸出される分がなくなってしまった。とうぜん輸出が減少してきた。だが、それだけであれば、さほど心配することはないかもしれない。アメリカのように、日本企業が多国籍化し、世界中で稼いでいるということだからである。

輸出競争力の低下

深刻なのは、高い国際競争力を保持し、日本の花形輸出産業であった自動車産業や電機産業などの凋落が、とりわけ２０００年代にはいってから顕著になってきたことである。

それは、世界的なＩＴ（情報技術）革命の進行により、とりわけ自動車産業や電気機械産業では、いわゆるモジュール化がすすみ、部品を調達して組み立てることで質の高い製品を生産することができるようになったからであるといわれている。

こうした経済的事情と製品輸入の増加などによって、図表６にみられるように、２０１１年から貿易収支は赤字となっている。

ただし、日本企業の海外進出によって、海外からの配当や利払いが増え、所得収支は増大している。２００５年に貿易黒字額と所得収支額が逆転している。

東日本大震災で原子力発電が減り、石油や天然ガスの輸入が激増したから、貿易赤字となったといわれている。もちろん、輸入が増加しているのは事実であるが、問題は、それ以上に輸出が減少基調にあることである。

図表6　日本の貿易収支の推移

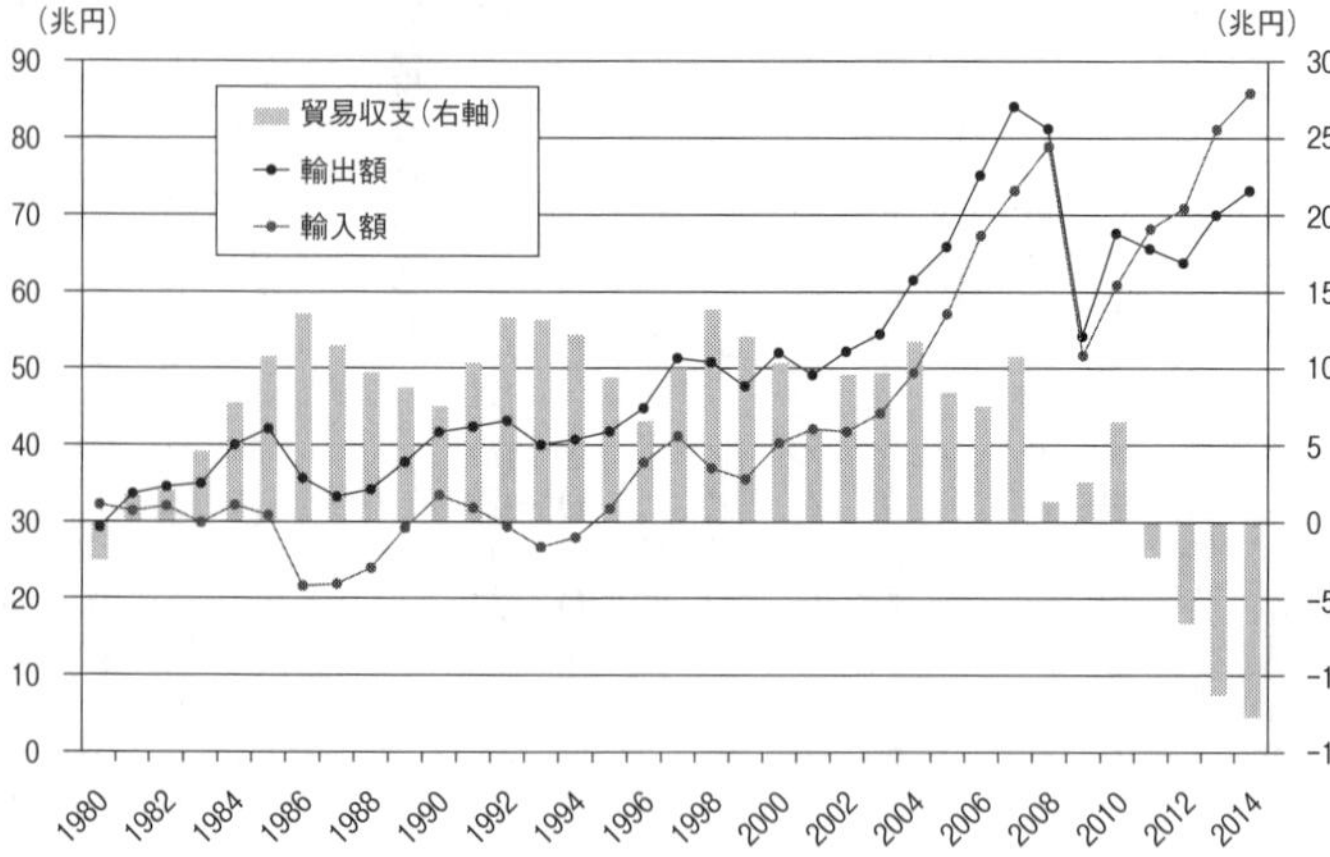

(出所) 経済産業省

ということは、高度経済成長終了後、日本が輸出の拡大によって経済成長をしてきたが、それがもはやできなくなったということである。この赤字基調は、日本経済の構造変化によるものなので、このままでは黒字基調に逆転することはないだろう。

そうであるとすれば、これからも経済成長ができなくなり、国民経済の規模が縮小していくということになる。

したがって、もしも、いままで程度の生活水準を維持しようとすれば、ドイツのようにアジアの経済統合を積極的に推進し、参加していかなければならない。

(3) 日本経済のあり方

アベノミクスの破綻

大胆な金融緩和・公共投資・成長戦略の三つ

で構成されているといわれる、いわゆるアベノミクスの第一ステージなるもので、デフレが克服しつつあるといわれてきた。

しかし、それは、日本銀行に圧力をかけて円安誘導し、輸出企業に儲けさせ、株価を引き上げるというものにすぎなかった。もちろん、手段はともかく、消費者物価上昇率がプラスとなったというかぎりでは、結果としてデフレを脱却している。

２０１３年４月の黒田日銀の異次元緩和によって円安がすすみ、14年10月の追加異次元緩和でもう一段の円安となった。

円安政策で輸入インフレが高進すれば、２％のインフレ目標（政府は物価安定目標という）が達成できた、アベノミクスは成功ということになるのだろう。ところが、なかなか２％には到達しない。

株高で儲けた個人投資家などの消費拡大によって、消費者物価を引き上げ、景気を高揚させている、というものにすぎない。もちろん、消費者物価上昇は輸入インフレによるものである。

輸入インフレと２０１４年４月の消費税率引き上げで、消費者物価が上昇したにもかかわらず、賃金がほとんど上がらないので、個人消費はますます冷え込んだ。景気の低迷からなかなか抜けられない。

しかも、いずれ、２％などではすまない本当のインフレが忍び寄ってくることは必定である。それをなんとしても回避しなければならない。

現状の日本は、先進国でダントツの財政赤字を減らすため、健全財政の構築をせまられている。これは、喫緊の課題である。

そのためには、大企業の優遇や天下り法人などへの無駄な歳出を徹底的に減らし、庶民増税をおこなわずに、財政赤字を減らす必要がある。しかし、それでは景気が後退し、かえって税収が減り、財政赤字が増えてしまう。

したがって、環境保全・脱原発による経済・産業構造の変革、高賃金・高福祉・長期有給休暇による内需拡大型の経済構造を構築することで、経済を成長させる必要がある。そうすれば、税収が増加し、健全財政にむかう。

ところが、である。「安保法案」を強行採決した2015年9月、アベノミクスの第二ステージがあきらかにされた。

それは、新三本の矢からなっている。第一の矢は強い経済、第二の矢は子育て支援、第三の矢は社会保障で構成されている。しかし、これはかなり具体性にかけ、実現がむずかしい。

アベノミクスの第二ステージが破綻するのも時間の問題だろう。

環境保全と格差是正

地球環境の保全を企業活動やひとびとの生活にきっちりと組み込めば、経済・産業構造を根本的に変革することができる。

脱原発をすすめれば、エネルギー革命が進展して、温暖化の防止になるし、経済・産業構造が大転換するので経済が成長する。ガソリン車は電気自動車にかわる。

水素と酸素で電気を作りモーターを回す燃料電池車の販売もはじまったが、これも普及させていく必要がある。ただし、地球環境に負荷をあたえないようにして水素を取り出す必要がある。

現代の経済学では、賃金の引き上げをしなければ、デフレと不況から本格的に抜け出せないことがあきらかにされている。それは、かつてケインズがいったことでもあった。

それにもかかわらず、リーマン・ショック以降、大企業はなかなか賃上げをしてこなかったので、デフレが克服されず、景気が本格的に回復することはなかった。

高賃金・高福祉とドイツのように4週間（実際には6週間）の長期連続休暇を実現すれば、ひとびとはどんどん地方に出かけていくので、内需拡大型の経済成長が可能となる。

もちろん、そのためには、消費税を付加価値税にし、税率を最低でも20％にするとともに、国民負担率を引き上げなければならない。そのさい、税金をビタ一文無駄遣いしないという政治家と公務員の高度の倫理が不可欠の前提となる。

税金が血税といわれるのは、納税者が血の出る思いでかせいだ所得から支払われるからである（本来は、国民の兵役義務のたとえ）。

ドイツでも、税金の無駄遣いはあるが、高級官僚が天下り先をつくり、そこに血税を投入しつづけて、天下り、高給を食むなどということは、日本ほどはないようである。

ここで、どうしても強調しておかなければならないことは、教育の機会均等をしっかりと確保しなければならないということである。所得の低い家庭の子どもが、塾にもいけず、能力があるのに、希望する大学に入学できないという事態が深刻化しているからである。

ドイツのように、教育への国庫補助の大増額、給付型の奨学金の拡大などをおこなう必要がある。だが、ドイツでも、相対的に所得の高い家庭の子女しか大学にいけないようになっている。日本でもドイツでも、低所得家庭の子女には、授業料免除・生活できるだけの給付型奨学金の供与などをおこなって、教育の機会均等をなんとしても実現しなければならない。

能力がないのに高額所得家庭の子女が大学に入学して、卒業し、社会的地位が高くなる社会というのはおかしい。国家的損失である。能力がある低所得家庭の子女が高等教育をうけられて、社会で活躍してこそ、国家が発展していく。

小泉元首相はよく、結果の平等ではなく、機会の平等を、といっていた。

もし、それをほんとうに実現しようとすれば、保育園・幼稚園から大学院博士後期課程まで学費をゼロにしなければならないし、低所得層の家庭の子女には、給付型の奨学金をあたえ、アルバイトなどせずに勉学に集中できるようにしなければならない。

2　天文学的財政赤字

(1)　日本は財政破綻

天文学的な政府債務

国と地方をあわせた日本の政府債務残高（借金）が、２０１３年度末で１０２４兆９５６８億

図表7　債務残高の国際比較（対GDP比）

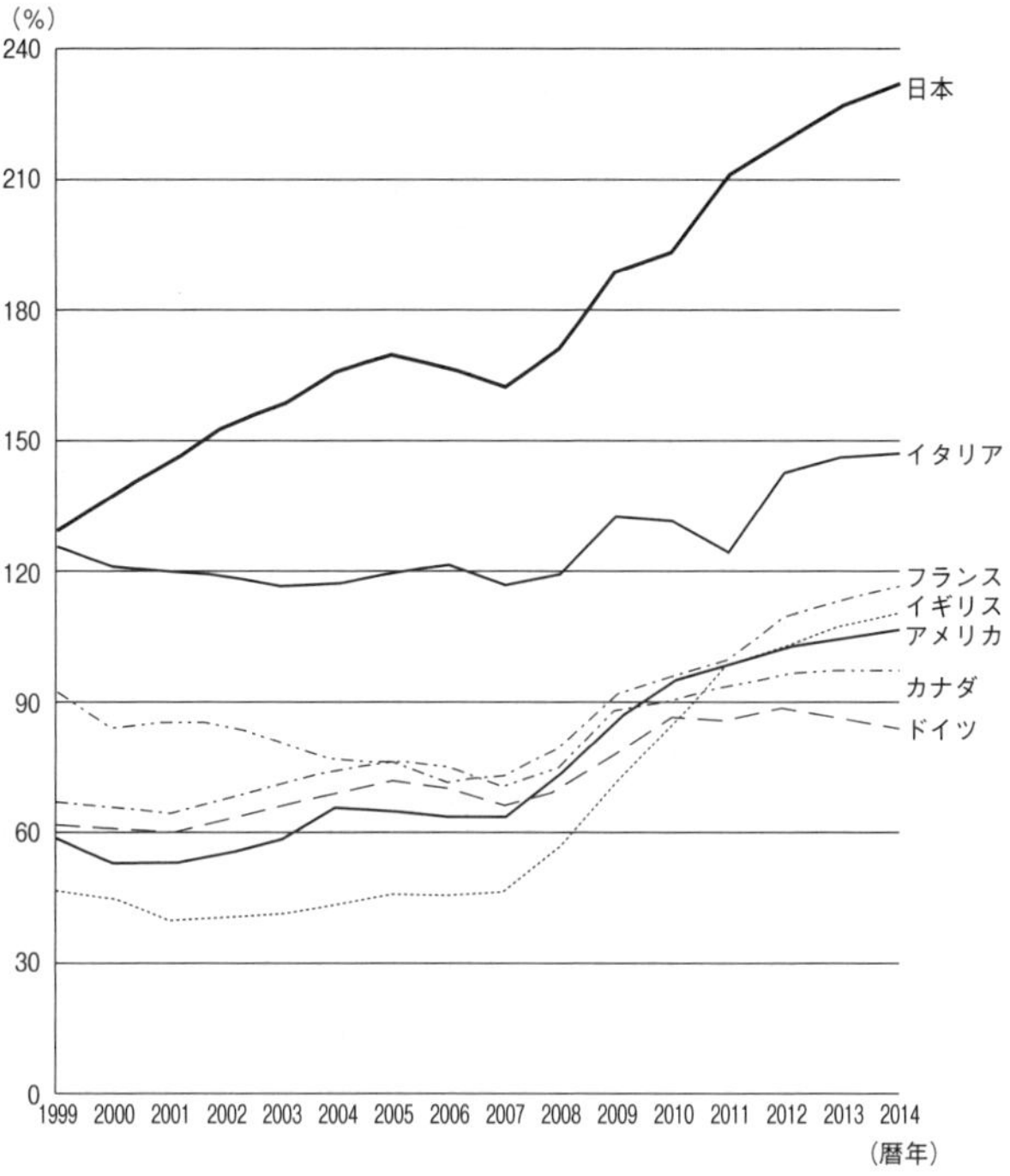

（出所）財務省

円と、ついに1000兆円の大台に到達した。消費税率が14年4月1日から8%に引き上げられたが、新規国債発行額は40兆円あまりにのぼる。

政府債務残高は、2014年度末には約1100兆円あまり、国内総生産（GDP）比で230%以上と、図表7にみられるように、先進国で最悪である。

この財政赤字は、歳出の削減と増税で一般に通常範囲といわれるGDP比60%（ユーロ導入の条件なので）にまで引き下げることは、長期金利があまり上がらないという前提で、消費税率を30％にでもしないかぎり、不可能である。

それでも、数十年はかかる。もちろん、消費税率30％など不可能である。日本の財政赤字というのは、そういう状況である。

なくならない無駄遣い

安倍政権が重要な成長戦略と位置付ける環太平洋連携協定（ＴＰＰ）の交渉のための会合に参加した国家公務員の海外出張旅費が２０１３年3月から15年2月末までの２年間で、少なくとも９億２０００万円にのぼったという（「東京新聞」２０１５年6月25日）。

ただ、問題はこの金額だけではない。担当大臣と同行した公務員が、同行を理由に、規定の上限を上回る高級ホテルへの宿泊がみとめられていることである。

一回の旅費では、農水省幹部が２８３万円だったという。これは、甘利大臣の旅費84〜１６３万円をはるかに上回っている。なにをかいわんや、である。

安倍首相の「外遊熱」も無駄遣いの権化である。２０１３年1月から14年9月8日までのわずか1年8カ月の間に、じつに49カ国を訪問した。これは、小泉政権の5年5か月の48カ国をぬいて歴代一位である。

もちろん、国際協調の強化のほか、原発の輸出はともかく、諸外国へのトップセールスは、日本の国益にとってきわめて有効である。

これはいいとして、みずからがすすめる安全保障政策の大転換について、各国に納得してもらうために外遊したのは、いかがなものか。首脳会談では、集団的自衛権の行使による積極的平和主義なるものを説明し、記者会見で、支持がえられたという。

しかも、2015年1月には、エジプトで「イスラム国のもたらす脅威を食い止めるため」にISと戦う国に支援をおこなうと、あえてISを挑発するかのごとき発言をしている。

平和国家として、中東でも日本の平和外交が高く評価されてきたことを、安倍首相は台無しにしているようである。

安倍首相の外遊では、もっとも重要な隣国、中国と韓国を意図的にはずしているようにみえる。これでは、中韓包囲網の構築といわれてもしかたがない。中韓としても、面白いはずがない。ケンカを売ったのは安倍首相だというだろう。

国民は、血税の使い道を1円まで監視すべきである。市民革命をへた欧米はそうである。多くの政治家のレベルが低いのは、有権者の民度がかならずしも高くはないからである。

(2) オリンピック・パラリンピックの開催

二度目のオリンピック

日本は、2020年の東京オリンピック・パラリンピック開催にむけ成長戦略を構築している。

第一回目は、私が中学生のことであった。たしかに、胸を躍らせたことを覚えている。女子バレーボールの決勝など手に汗を握って観戦したものである。アナウンサーの絶叫する「今後こそ金メダルポイント」という言葉を何度聞いたことか。

しかし、第二回目の開催は、その後にみまわれる日本の悲劇のはじまりとなるかもしれない。オリンピック開催のために、さまざまな施設を建設しなければならないし、都市の整備もしなければならない、まさに、自民党がいままでつづけてきた公共投資をおこなって、景気のてこ入れをおこなうということにすぎない。

開会式をおこなう新国立競技場も、500億円程度が普通なのに、なんと2520億円もかけるという。しかも、「芸術的」すぎるうえに、難工事で、開催に間に合うのかと心配された。とうぜんのごとく、税金をはらう国民の批判がはげしくなっていった。

そこで、2015年7月17日、安倍首相は内閣支持率が暴落して、「安保法案」の審議に支障をきたすことをおそれ、新国立競技場の建設計画を白紙撤回した。

結局、それまでのオリンピックの開会式会場の建設費は600億円あまりなのに、1550億円の経費をかけて建設することになった。

日本が久しぶりに世界のひのき舞台に登場するオリンピックの開催を批判しようものなら、私は聞いたことがないが、戦時中の言葉である「非国民」と罵倒されるだろう。

だから、いつまでつづくかわからないが、安倍政権は、大手をふってオリンピック投資をおこなうことができる。各省庁は、オリンピック関連といえば、なんでも査定がとおるので、多くをオリンピック関連としている。

財政赤字の膨張ということに目をつむれば、それはしかたのないことかもしれない。現状の資本主義の発展段階では、抜本的な成長戦略など存在しないからである。

公共投資のオンパレード

これから、オリンピックにむけて、すでにおこなわれているリニアモーターカーや新幹線のあらたな建設、世界に誇れる都市作りを標榜した公共投資、国土強靭化のためと称する公共投資など、財政のさらなる大盤振る舞いがおこなわれることはまちがいない。

こうして、2020年までは、公共投資で、日本経済をなんとかもたせることができるだろう。だが、オリンピックが終わったとたん、景気がいちじるしく後退することを覚悟しなければならない。

ギリシャは破綻寸前だし、韓国、スペイン、オーストラリアなどオリンピック開催国は、おしなべて終了後に深刻な景気後退にみまわれてきたからである。中国にいたっては、不動産バブル崩壊恐慌の様相を呈している。

だが、景気後退くらいなら、まだましかもしれない。いずれ回復する可能性があるからである。すさまじい財政赤字に打ちひしがれてしまうことが、「オリンピックの悲劇」である。

オリンピックを錦の御旗にして、この5年あまりで、財政危機をまったく気にせず、公共投資がおこなわれ、現時点で1100兆円あまりの政府債務残高が1400兆円くらいになるだろう。

緊縮財政に転換することなどまずないので、低金利で国債を発行できる間は、なんの憂いもなく発行されるであろう。5年間で国債発行の新規増加が200兆円、オリンピック関連で100

兆円くらい発行されれば、国内で国債の消化不良が発生する。

それは、オリンピックまでは顕在化しない。私がひそかにおそれるのは、「宴」のあとの財政破綻による「2020年オリンピック恐慌」の勃発である。

財政赤字・政府債務残高は、すでにアジア・太平洋戦争当時の規模にたっしている。

もちろん、日米開戦と次元はまったくちがっているが、どうして、オリンピック返上という声が出てこないのだろうか不思議なことである。オリンピックなど、まだ開催したことのない国に任せればいいだろうに。

（3）インフレ高進の可能性

政府の「別動隊」日銀

アメリカの中央銀行FRBは、2014年10月の会合で、マーケットに大量の資金を供給する非伝統的金融政策（QE3）を終結させることを決定した。

つぎの決定は、異常なゼロ金利政策を解除することで、これが出口戦略といわれるものである。

それにたいして、日銀は、政府による景気のてこ入れのサポート、円安、国債金利の超低位安定、株高を実現しなければならないので、出口戦略どころか、2014年10月には、さらなるすさまじい量的・質的緩和（異次元緩和）を投入する始末である。

安倍首相の意向をうけて日銀に送り込まれた黒田東彦総裁は、アベノミクスをささえているが、２０１４年10月の追加異次元緩和の決定では、議決権を有する９人のうち４人も反対した。ドイツでは、こんなことは考えられない。

じつは、ドイツでは、１９２０年代に天文学的インフレにみまわれ、庶民の預金があっというまに消え去った。だから、中央銀行だったドイツ連邦銀行は、政治家と対決しても、インフレ阻止のための金融政策を断行してきた。

現在の欧州中央銀行（ＥＣＢ）は、このドイツ連銀の気骨さと矜持を引き継いでいる。ＥＣＢが政治家の意向にそって金融政策をおこなおうとすると、ＥＣＢの一支店にすぎないドイツ連銀が体を張って抵抗するからである。

黒田日銀の金融政策によって、ドルだけでなく、ユーロにたいしても円安になっていけば、輸入物価が跳ね上がり、消費者物価がかなり上昇する。いつかは、２％のインフレ目標（物価安定目標）を実現できるであろう。

だが、これは、日本を無間地獄に落し込む、終わりのはじまりとなるかもしれない。

輸入物価が上昇するので、個人消費が減退し、インフレ下の景気後退、すなわちスタグフレーションの危険性が高まっている。実際に２０１５年４―６月期には、実質ＧＤＰは前年比でマイナス０・４％、個人消費は、マイナス０・８％であった。

それは、ひとつは、賃金がさほど上昇していないので実質賃金が低下し、年金も減額されたこと、もうひとつは、日銀は、政策金利の事実上のゼロ金利政策を継続しなければならないので、預貯金金利はほぼゼロで、預貯金の目減りがはげしくなっていること、などによるものである。

だが、さらに深刻な問題は、スタグフレーションなどですまない可能性が出てきたことである。

インフレ高進の可能性

日本でインフレが高進する可能性が高いのは、円安誘導による輸入インフレだけでなく、日銀が価格変動商品である国債を大量に購入しており、日銀財務のリスクが高まり、発行通貨円の価値が低下していく可能性が低くないからである。

円安によって輸入インフレが高進すれば、銀行から大量の預金が引き揚げられ、資金は、海外に流出する。

インフレ率以上に預貯金金利が上がらず、目減りすること、インフレでさらに円安がすすめば、資金を海外に逃避させることで、資産価値を保全することができるからである。

だが、庶民は、あまりこのような行動をとることはない。

問題は、国債価格が暴落すれば、銀行に膨大な損失が発生し、金融システム不安にみまわれることである。バーゼル銀行委員会は、こうした事態にそなえて、銀行の保有国債のリスク分の引当金をつむようもとめている。

日銀も膨大な損失をかかえてしまう。日銀保有国債300兆円のうち、1割の価格低下（長期金利の上昇）で、日銀になんと30兆円もの損失が計上される。日銀の財務諸表の悪化は、発行通貨の価値減価、すなわちインフレの高進をもたらす。

政府としても、大量の国債を低金利で発行できなければ、利払い費が激増して、財政破綻におちいってしまう。

国債発行残高が１０００兆円になったとして、そのうち、おそらく発行された国債の三分の二あまりの７００兆円くらいを日銀が購入しなければ、長期金利を１％程度に維持することはできないかもしれない。

日銀が国債価格維持政策をとるかぎりでは、日銀はもちろん、銀行などの金融機関が、保有国債で膨大な損失をこうむることはない。

ただ、ここで問題となるのは、それだけのマネーが日銀から出ていくということである。マネーの過剰発行によって、金利以上のインフレが高進すれば、政府の債務は、自動的に「減少」していく。これが金融抑圧といわれるものである。

このインフレに拍車をかけるのが、円安の高進である。日銀がマーケットに大量の資金を供給する金融緩和をおこなえば、円安がすすみ、輸入物価が跳ね上がるからである。

預貯金者の犠牲の上に、政府や企業の借金が「減少」するというのは、インフレという事実上の課税・増税であり、究極の不公平である。

多くの国々での中央銀行の使命が物価の安定におかれ、そのために政府からの独立性が確保されているのは、インフレの高進による通貨の信認の欠如（だれも通貨を受け取らず、商品経済が崩壊する）と不公平を排除するためである。

黒田日銀には、このインフレの高進を阻止することはできないかもしれない。

3 「憲法」遵守と連邦制

(1)「憲法」の遵守

ノーベル平和賞候補

日本には、「日本国憲法」というのは、日本人によって起草されたものではなく、アメリカによって押し付けられたと主張するひとが少なからずいる。だから、かえなければいけないと言う。

もちろん、アメリカ占領軍との協議によって作られたということは事実であるが、「日本国憲法」の基本はあくまでも日本側が作成した(伊藤真「憲法問題」PHP新書、2013年)。

「憲法」の前文は、リンカーンの演説やアメリカ独立宣言や大西洋憲章とかの寄せ集めといわれている(西修「憲法改正の論点」文春新書、2013年)。

そうかもしれないが、近代市民社会の法的骨格を形成した重要な宣言や名演説などを踏襲するのは、けっして悪いことではない。歴史から、しっかりと学んでいるということだからである。

ただ、アメリカの独立宣言から踏襲されたのは、アメリカが独立してから200年以上たってからのことである。

もしも、取り入れられるとすれば、「明治憲法」制定のときだったのではなかろうか。もちろん、不可能であっただろうが、そうすれば、もう少しまともな日本になっていたかもしれない。

「憲法」9条によって、「戦争放棄」、「戦力の不保持」、「交戦権の否認」を宣言し、「実力部隊」としての自衛隊が創設されても、日本は、もっぱら専守防衛に徹してきた。

自衛隊員がひとりもひとを殺してこなかった、戦死者も出なかったということはすばらしい。

ただ、かつての小泉政権のときにイラクの「非戦闘地域」に自衛隊が派遣されたが、帰国した自衛隊員に少なからず自殺者が出ているという。この事実は重大である。事実上の「戦死」とかんがえられるからである。

「憲法」改悪の阻止

安倍政権は、ノーベル平和賞候補にもなっている「日本国憲法」を「改正（正確には改悪）」して、戦争のできる国にしようとしている。

ただ、「憲法」改正がむずかしいとなると、今度は、9条の解釈を変更して、集団的自衛権の行使ができるようにした。いずれ、「国連憲章」にある集団的安全保障にも参加できるということになるのであろう。

もし、かつての小泉政権のときに、集団的自衛権を行使できると「憲法」解釈の変更をしていれば、アメリカのイラク侵攻に自衛隊もくわわって、武力行使をおこなっていたかもしれない。

アメリカは、イラク侵攻は、自衛のための対テロ戦争であると主張したからである。

イラクへの侵攻の大義名分は、当時のフセイン政権が大量破壊兵器を隠し持っているというものであったが、これが真っ赤な嘘であった。

本来であれば、さしずめ「ワシントン裁判」という戦争裁判がおこなわれて、平和にたいする罪のほか、刑務所における捕虜の虐待、十万人あまりにものぼる市民の殺害で戦争犯罪に問われるはずである。

アメリカとともにイラクに侵攻したイギリスでは、当時のブレア政権が国内外ではげしい批判をあびたのはとうぜんのことであった。議会でもきびしく追及された。

解釈改憲もふくめて「憲法」改正（改悪）をゆるしてならないのは、それが、平和「憲法」をなんとしても守る必要があるからであるとともに、日本の戦争責任と戦後責任をとることによる戦後の克服のまさに象徴だからである。

したがって、「憲法」を改正（改悪）するということは、論理的には、すでに戦争責任・戦後責任を十分はたしたということになってしまう。すなわち、過去の克服が終了したということにほかならない。

そうすれば、アジア諸国は、日本がふたたびアジアを侵略する国になったと受け取ることはまちがいない。すでに、そう受け取られているかもしれない。いずれ、日本は、アジアから排除されてしまう。

アジア共同体の結成にまい進し、経済統合に参加することが、日本が本格的復活のための唯一の道であるとかんがえられる。したがって、政治的・軍事的にはもちろん、経済的な観点からしても、なんとしても現行「憲法」を遵守しなければならない。

（2）連邦制移行の議論を

日本国の「分割民営化」

戦後、日本には、天皇制と中央集権制がのこされた。これは、日本の統治のために必要であったといわれている。

そろそろ、日本は、統治機構を大改革すべく、中央集権制から、ドイツのような連邦制に移行した方がいいようにおもわれる。そのためには、国と州との権限を明確に分割しなければならないので、現行「憲法」を改正する必要がある。

日本の連邦制への移行は、いわば、日本国の「分割民営化」にほかならない。少し前、ある会合で、日本のこれからの政治形態は、ドイツのような連邦制しかないと指摘したことがある。そしたら、参加者から、連邦制などとんでもないというお叱りをうけた。

連邦制に移行したとしても、国家公務員が、失業するわけでもないので、どうしてそんなに怒られるのかよくわからなかった。

ドイツのように、連邦政府は、外交、国防、司法、経済・金融政策、州間の負担の均衡などを担当する。その意味では、国家公務員はかなり減ることになるだろう。

連邦制に移行することで、州の行政が大幅に増加する。連邦がおこなう限定された行政以外のことをすべておこなうからである。国家公務員の多くは、州に転籍することになるであろう。

もちろん、日本の公務員というのは、欧米諸国とくらべても多いわけではない。連邦制に移行すれば、ドイツのように、州が世界から企業誘致をおこなうことなども可能となる。独自の活性化政策をとることもできる。

住民サービスは、市町村がおこなう。その方がドイツのように、地球環境保全に取り組みやすくなる。州も市町村も、財政赤字削減のために、自立してさまざまなことができる。財政赤字が多ければ、国家公務員はもちろん、地方公務員の削減や給料の減額、地方議員の日当制などができるようになる。

住民と接する市町村の公務員は、独自の権限と予算をもつようになるので、きめの細かい住民サービスを提供することができる。直接住民と接する市町村の公務員は、「ごまかし」がきかなくなる。

したがって、いままでとちがって、有能な人材が市町村にあつまってくるであろう。

公務員の高い倫理が不可欠

日本もそろそろ、連邦制に移行するくらいの大胆なことを断行しなければ、完全復活できないのではなかろうか。「憲法」9条の改正などより、よほど緊急性が高いとおもわれる。

もちろん、歴史的にも、日本は、平時にそんなことができたためしはない。大改革ができたのは、近代では、明治維新時と第二次世界大戦での敗戦時だけである。

日本が連邦制に移行するとしても、これからは、どうしても高負担とならざるをえない。

日本の完全復活のために不可欠な高賃金・高福祉・長期有給休暇を実現するには、それなりの負担、すなわち高負担が必要だからである。北欧型福祉国家をめざすとすれば、なおさらである。

ところが、現状の日本で国民の高負担を実現すれば、結局は、税金が公共投資に湯水のようにつかわれてしまう。安倍政権のやり方をみればよくわかる。消費税率の引き上げが、福祉のためにつかわれるはずだったのに、多くが軍事費と公共投資にまわされている。

だから、政治家と国家・地方公務員が、国民の血税はビタ一文無駄にしないという高い倫理感をもつことが絶対的大前提となる。

そしてやはり、日本の有権者の主権者意識がせめて欧米なみにならなければならない。民度を高めるということが不可欠なのである。

4　アジアの日本をめざす

(1)　広域経済圏結成の必要性

所得収支の拡大

日本で内需拡大型の経済成長をすすめなければならないのは、「すべて国民は、健康的で文化的な最低限度の生活を営む権利を有する」という「憲法」の規定に忠実でなければならないからである。

しかし、輸出は、もはや日本経済の成長を牽引するセクターでなくなってきている。貿易収支が黒字でなければ、じつは、ドイツのように、高賃金・高福祉・長期有給休暇による経済成長を実現するというのは、それほどかんたんではない。

日本は、アメリカとちがって、国内マーケットがきわめて狭いからである。さらに、重要なことは、海外進出企業が、国内のマーケットに依存していない以上、内需拡大のために賃金を増やしても、労働条件を向上させても、収益の増加には、結び付かないことである。

貿易収支の赤字が恒常的になるのであれば、海外への投資による利子や配当収入からなる所得収支の黒字を増加させる必要がある。

したがって、貿易収支と所得収支などからかる経常収支の黒字を増大させる政策をとらなければならない。

所得収支の黒字を増やすには、さらなる海外への証券投資と直接投資をおこない、多くの投資収益を獲得する必要がある。証券投資収益を増やすとともに、企業が海外企業を積極的に買収し、配当などがえられれば所得収入が増えていく。

こうした所得収入が増え、そのおかげで税収が増大していけば、賃金の引き上げ、福祉の充実、長期有給休暇が実現できるようになる。

従来型の製造業を海外に移転し、日本では、研究・開発と海外企業の経営に特化していけばいい。海外では、地球環境に配慮し、良好な労働条件のもとで生産をすれば、当該国での雇用の確保と健全な経済成長が実現できる。

アジア共同体の実現性は

とくに、中国の経済成長を環境保全と調和のとれたかたちですすめるためには、日本の環境保全技術が不可欠である。

減速してきたとはいえ、現状のような中国の経済成長を放置すれば、日本の環境悪化がさらに深刻化してしまう。大量のＰＭ２・５が日本中に飛来してきているが、いずれ肺がんなどが続出することはまちがいない。

このような国際戦略を十全なものとするためには、ヨーロッパのように経済共同体を構築する必要がある。

もしも、アジア共同体のようなものが設立されれば、これがひとつの経済圏となる。

ところが、中国や韓国をふくむ経済共同体の結成というのは、現状では、ほぼ不可能である。

いままで、日本は、「憲法」９条で戦争を放棄することで、戦前・戦中の中国や韓国をはじめとするアジアへの侵略を真摯に反省し、おわびしてきたこともあって、戦後、アジア諸国に受け入れられてきたはずである。

だが、安倍政権は、その大前提を、「憲法」の解釈の変更によって、集団的自衛権の行使を可能にして、瓦壊させせつつある。

ただでさえむずかしいアジア共同体の結成であるが、とりわけ、安倍政権のもとではほとんど不可能であろう。

（2）アジアの日本へ

アジアのなかの日本

戦後の日本の高度経済成長は、アメリカの国際戦略に組み込まれるかたちで達成され、高度経済成長が終息すると、欧米のマーケットに進出することによってある程度の経済成長を持続することが可能であった。

1980年代末の金融セクター主導の経済成長を模索した資産（不動産）バブルが崩壊すると、企業は、低賃金をもとめて中国をはじめとするアジア諸国に生産拠点を移した。

じつは、高度経済成長から資産バブル期までは、日本企業は、欧米のマーケットに依存していたので、アジアについてはほとんど考慮する必要はなかった。

政治家などが、侵略戦争を肯定するとか、南京大虐殺などなかったなどといって、中国や韓国から抗議をうけても、ある程度は「無視」することができた。

ドイツのように、日本が、中国に政治・軍事を依存するかたちで、アジアの統合に参画するという必要もなかった。アメリカとの良好な関係さえ維持していれば、国家の安全も確保できたし、日本国民は食べていくことができた。

1990年代初頭になると、さしもの資産（不動産）バブルも崩壊し、アジアに生産拠点をもとめざるをえなくなったが、それは、あくまでも低賃金労働者を「借りる」というものであった。

中国の方としても、工業化のために、日本からの技術移転をもとめていたので、日本にたいして強行策に出ることはなかったようである。日本企業としても、生き残りのために中国に進出したのであった。

ここまでは、「アジアのなかの日本」にすぎなかった。

アジアの日本にむけて

ところが経済・産業構造が大転換するなかで、日本は、アジアの経済統合に参加していかなければならなくなってきている。とりわけ、アセアン（ＡＳＥＡＮ）が、２０１５年から経済統合を開始したからでもある。

アセアンでは、域内の関税の撤廃をさらにすすめ、サービス分野の相互参入規制の緩和などがおこなわれる。２０１８年には、域内関税がほぼ全廃される。

アセアンの２０１２年の域内貿易額は６０１０億ドルと、09年からわずか4年でじつに6割の増加し、ＧＤＰは、２０２０年に4兆５０００億ドルと現在の倍になるといわれている。

いずれ日本と同等の経済圏となる可能性が高い。ここに日本が積極的に参加していかなければ、日本は、これから経済を成長させることはできない。

すなわち、「アジアのなかの日本」から、ドイツのように、「アジアの日本」に深化していかなければ、日本の完全復活の道はないということである。

だが、解釈改憲をふくめて「憲法」改正（改悪）は、日本が「戦争をしない国」から、「戦争をする国」に大転換することであり、アジア諸国はそのように受け取ることはまちがいない。しかも、安倍政権は、自衛隊の軍隊化、言論統制、教育の国家統制など着々とすすめている。第二次世界大戦の戦争責任・戦後責任をとることによる過去の克服を放棄し、「軍国主義化」する日本の脅威をアジア諸国が警戒するようになれば、日本は、アジアの統合から完全に排除されることになるかもしれない。

南シナ海でのベトナムやフィリピンなどとの衝突で、どうなるかは不透明であるが、経済的果実は、中国が享受することになるであろう。

とくに、公共投資が醸成した不動産バブルが崩壊した現在、景気を維持するには、軍拡しかのこされていない。軍拡によって、重化学工業の過剰設備をフル稼働させるという方法である。そのために、周辺事態の緊張が不可欠なのである。

このように、中国には、軍事力の大規模な拡大とみずからの経済圏を拡大していく道しかない。もし、そうだとすれば、日本は、いままでのようにアメリカ依存の経済をつづけざるをえなくなる。アメリカの戦争に加担し、環太平洋経済連携協定（ＴＰＰ）への参加をせまられ、農業や国民皆保険などが崩壊する。

財政赤字の累増により、年金や福祉の切り下げ、増税のあげく、インフレで庶民の預貯金が収奪されるようになるであろう。

厳格に「日本国憲法」を遵守し、アジアの経済統合に参加できれば、ドイツのように、ある程度の高賃金・高福祉・長期有給休暇などを実現できるようになる。もちろん、高負担は覚悟しなければならないが。

（３）日本の生き残りのために

現状の日本は、１１００兆円あまりの政府債務残高を緊縮財政と増税によって解消することは、ほぼ不可能である。

残念ながら、最低でも10％程度のインフレの高進によってしか、解消することはできないとかんがえられる。日銀の異次元緩和の冷厳なる帰結というのは、インフレの高進にほかならない。

このふたつは、奇妙な相関関係にある。

財政赤字が緊縮財政と増税によって解消されないほどまで激増すれば、ギリシャなどのように、そのはるか前に、国債の増発ができなくなってしまう。国内に買い手がいなくなるからである。

そこで、国債を買ってもらうためには、発行金利を上げるか、販売価格を下げざるをえない。ということは、銀行などの金融機関は、保有する国債で大損する、国債の発行金利が上昇し、利払い費が激増するということである。その結果、金融機関が大損して、バタバタ倒産するし、政府の財政赤字が膨れ上がる。

日本は、金融恐慌と財政破綻のダブルパンチにみまわれる。国家は、このような最悪の事態をなんとしても回避しなければならない。

のこされた道はただひとつ、「財政法」５条の「有効活用」である。

同法の但し書きには、日銀は、国会の議決した範囲で国債を直接引き受けることができる、と書かれている。これは、本来は、日銀保有の国債の借換え債（償還期間のきた国債をカネではなく国債で払うもの）を引き受けられるという条項である。

この但し書きを借り換え債以外にも適用して、日銀が、もっぱら政府発行の新発長期国債を直接引き受ければ、マーケットには、まったく影響をあたえることはない。法律には、借り換え債とは書いていないからである。

そうすれば、国債金利は、超低金利のままであり、財政赤字が激増することもない。

ところが、日銀が国債を政府から直接引き受けることで、膨大な新規のマネーが、政府をつうじてマーケットに出ていくことになる。

その結果、マネーの価値の下落、すなわち、インフレが高進する。

こうして、庶民の犠牲のもとに、財政再建がおこなわれる。「財政危機が財政危機を克服」するということになるのであり、歴史上何度も繰り返されてきたことである。

これを回避する道は、これからすすむアジアの経済統合に参画することしかない。

中国や韓国、アセアンのＧＤＰ合計は、日本の3倍はある。日本をあわせれば２０００兆円にもなるだろう。

虫のいい話ではあるが、そうすると、１１００兆円あまりの政府債務残高のＧＤＰ比は50％程度に激減し、財政規律のきびしいドイツよりも健全財政に生まれ変わる。

政府債務残高の半分、５００兆円あまりの日本国債をアジア諸国の外貨準備に組み込んでもらえれば、円の国際化もすすむし、過重な債務負担とはならない。

そのためには、戦後日本がおこなってきた戦争責任・戦後責任をはたすことによる過去の克服を、いささかなりとも変更させてはならないのだ。

むすびにかえて

われわれは、平成大不況からつづく円高・デフレ不況を克服し、ようやく復活しつつある日本をみてきた。安倍政権は、日本銀行に円高・デフレ不況克服の金融政策の遂行を「強制」し、ようやくデフレ不況が終結しつつある。

外資も日本企業も、日本のマーケットの重要性を再認識しつつある。日本への外国人観光客がかなり増加しているのも、たんに円安だけではなく、日本そのものの魅力を外国人が認識し出したということなのであろう。

20数年にわたる平成大不況から、日本は、ようやく復活をとげつつある。ところが、本格的に復活するには、ひとつは、財政危機の克服を大前提にして、経済・賃金格差の縮小、労働条件の向上、福祉の充実、環境保全型システムへの大転換など、が不可欠である。

もうひとつは、国内のシステムの大変革だけでは、本格的な復活はできないことである。現在の生活水準をかなり引き下げることを国民が許容すれば、それは可能であるが、そんなことはできようはずもない。

であるとすれば、日本は、戦後のドイツのように、アジアの地域統合を推進し、積極的に参加していかなければならない。

そのためには、戦後日本が、「憲法」9条と「独占禁止法」9条の制定によって、戦争責任・

戦後責任をとり、過去の克服をおこなったことを、「戦後レジューム」からの脱却と称して、やめることはゆるされないのである。

日本は戦後、戦争を放棄し、平和国家として生きてきたことを、世界は高く評価してきた。戦争をしないということはもちろん、戦争に必要な武器も輸出してこなかった。

ところが、安倍政権は武器輸出をみとめ、集団的自衛権行使を容認した。国家を標榜するテロリスト集団ＩＳと戦う国々への資金援助を約束し、ＩＳからテロの標的となっている。もちろん、テロとの毅然とした戦いは絶対不可欠であることはいうまでもないことであるが。

日本は、いままでどおり侵略戦争を真摯に反省し、これからは、アジアのなかの日本ではなく、アジアの日本として生きていかなければならない。

それは、第二次大戦後にアメリカとの連繋のもとで経済成長してきた日本が、アジアで、地球環境の保全とアジアのひとびとの生活水準の向上に寄与していかなければならないからである。

ヨーロッパのドイツは、地球環境保全とヨーロッパのひとびとの生活水準の向上につとめてきた。日本は、ドイツのように、政治的・軍事的にはけっして跳ね上がらず、謙虚に行動しなければならないのではなかろうか。

「国際社会において、名誉ある地位を占め」るために、私たちのとるべき道はあきらかである。

相沢幸悦（あいざわ・こうえつ）

1950年秋田県生まれ。埼玉学園大学経済経営学部教授。法政大学経済学部卒、慶應義塾大学大学院経済学研究科博士後期課程修了。経済学博士（慶應義塾大学）。（財）日本証券経済研究所主任研究所員、長崎大学経済学部教授、埼玉大学経済学部教授をへて現職。主著に『GNP大国になる日本』（講談社）『日本銀行論：金融政策の本質とは何か』（NHK出版）『環境と人間のための経済学：転換期の資本主義を読む』（ミネルヴァ書房）など多数。

よみがえる日本、帝国化するドイツ
――敗戦国日独の戦後と未来

発行日　二〇一五年一二月一日　初版第一刷

著　者　相沢 幸悦
発行人　仙道 弘生
発行所　株式会社 水曜社
〒160-0022
東京都新宿区新宿一-一四-一二
電　話　〇三-三三五一-八七六八
ファックス　〇三-五三六二-七二七九
www.bookdom.net/suiyosha/

装　幀　柴田デザイン室
印　刷　日本ハイコム 株式会社

定価は表紙に表示してあります。
落丁・乱丁本はお取り替えいたします。

ISBN978-4-88065-373-0 C0031